김진호

읽고 찾아가 보는

한국문화

Let's learn and experience Korean Culture!

지식과교양

• 한국인과 한국문화

　인간은 오랜 시간 자연환경과 생활환경에 알맞은 삶을 살아 왔다. 그 삶의 방식 하나하나에는 그들이 살았던 사회의 모습과 생활양식이 깃들여 있는데, 이 모든 삶의 모습 전반을 문화라 한다. 한국인은 한반도라는 자연적 환경 속에서 약 오천 년을 살아 왔다. 선조들의 생활방식은 긴 시간동안 현실에 맞게 진화되거나 이웃 문화와의 교류를 통해 새로운 형태의 문화로 변화, 발전하였다.

• 한국문화와 운명공동체

　한반도에 정착해 있던 사람들과 다른 곳으로부터 이주해 온 사람들은 서로 섞이어 살았다. 농경문화, 특히 벼농사를 중요하게 생각했던 사람들은 자연재해의 두려움에서 벗어나고자 공동의 의식문화를 만들었다. 그 의식문화와 확장된 가족으로서의 마을이라는 생활환경은 모두가 하나라는 운명공동체 사고를 태동하기에 이르렀다. 한민족의 기저에 깔려 있는 운명공동체 사고는 기본적 생활방식인 '의·식·주'에서 뿐만 아니라, 다양한 영역에서 확인된다.

• 운명공동체와 '우리' 의식

한민족의 '우리' 의식은 신앙이나 민속에 잠재되어 나타난다. 마을의 안녕과 행복을 기원하는 의식은 주민들을 하나로 묶고, 정서적 유대감을 공고히 하는 절대적 행사였다. 마을 구성원으로서의 개인은 남이 아닌 이미한 가족인 것이다. 한민족은 일 년을 주기로 반복되는 생활 속에서 '우리' 의식을 확인하고 강화하는 여러 가지의 민속놀이를 하였다. 휴식을 통해일의 효율성을 높이기도 하지만, 그 이면에는 집단의 협동력 내지 단결력을 배양하기도 한다.

• '우리' 의식과 언어, 역사

고대의 제천 행사, 신앙 그리고 민속을 통해 확고해진 한민족의 '우리' 사상은 한국인의 언어생활에 나타나며, 역사 속에서 그 빛을 발한다. 정확한 통계는 아니지만 유사 이래 한민족은 약 천여 차례의 외침을 받았다고 한다. 그 때마다 '우리' 사상은 모든 한국인을 하나로 모았으며, 뼈아픈 몇 번의 패배 가운데에서도 한국인을 더욱 공고히 할 수 있게 한 원동력이 되었다. 기쁨의 현장에서는 기쁨을 배가시키며, 슬픔의 현장에서는

슬픔을 함께 나눌 수 있는 힘이었다. 일제 치하 36년과 남북 전쟁으로 전 국토가 폐허로 변해버렸던 것이 불과 60여 년 전 일이다. 그러나 현재 세계 경제에서 한국이 차지하는 위상, 세계 곳곳에서 한국인이 대우받는 위상, 그 높아진 위상과 국력의 밑바탕에는 '우리'의 힘이 있는 것이다. 국가 간의 국경과 경계의 개념이 모호해진 지금, 더욱더 한민족의 전통과 가치를 공고히 하고 발전시켜 나가야 할 때이다.

끝으로, 본서 9장의 집필을 담당해주신 양병남 선생께 고마움을 전하며, 어려운 출판 환경 속에서 기꺼이 출판을 허락해주신 지식과 교양의 윤석원 사장님 이하 편집부 선생님들에게도 고마움을 전한다.

2012년 2월 28일

김진호 씀

차례

제1장

보신탕 문화는
미개문화인가?

1.
문화의 정의

　문화란 '자연', '야만'의 대립어로 인간과 관련한 모든 활동의 산물을 가
리킨다. 또는 인간 활동 중 경제적, 정치적 활동과 구분되는 학문 활동,
예술 활동, 종교 활동 및 그 산물만을 가리킨다. 이는 라틴어의 cultura에
서 파생한 culture를 번역한 말로 본래의 뜻은 경작이나 재배였는데, 나
중에 교양, 예술 등의 뜻을 가지게 되었다.

문화는 강(江)에 비유하여 생각하면 쉽게 이해할 수 있다. (左: 보충 설명 1 참고)

문화를 한 마디로 정의하기는 쉽지 않다. 왜냐하면 문화는 그 종류가 다양할 뿐만 아니라 복잡한 구조를 지니고 있기 때문이다. 이를 강(江)에 비유하면 쉽게 이해할 수 있을 것이다. 첫째, 강 또는 강물은 시간의 흐름, 즉 역사성을 원형 상징하는데, 문화 역시 시간의 흐름과 깊은 관련을 지닌다. 둘째, 강은 그 근원을 거슬러 올라갈수록 복잡한 지류들이 연결되어 있다. '한강'(漢江)을 거슬러 올라가 보면 남한강과 북한강의 두 지류를 확인할 수 있고, 각각의 지류는 또 다른 지류들의 연결로 이루어져 있다. 이렇게 거슬러 가보면 한강의 근원은 검룡소라는 아주 작은 샘물임을 알 수 있게 된다. 문화 역시 위로 거슬러 올라가면 갈수록 복잡한 양상을 띠고 있다.

우리는 "일정한 자연환경이나 사회환경에서 생활하는 인간 집단이 오랜 세월을 거쳐 터득한 의도적 생활방식 내지 생활양식의 총화"라고 문화를 정의한다. 이 정의에는 문화를 구성하는 네 가지 요소, 주체, 환경, 종류, 조건이 있음을 알 수 있다.

(1) 문화의 주체

문화를 형성하여 향유하고 계승하는 주체는 누구인가? 인간은 언어를 사용하고, 사회를 형성하며, 문화생활을 한다는 점에서 동물과 구별된다. 인간은 자신들의 목표를 실현하기 위해 또는 공동의 목표를 달성하기 위해 집단생활을 하는데 이것이 바로 사회이다. 동물도 인간처럼 무리를 지어 살고 있으나 의도적 현상인 인간의 사회와 본질적으로 다르다. 동물의 집단은 본능에 의한 군집(群集)에 불과하기 때문이다. 인간은 사회생활을 통해 형성한 여러 문화 현상들을 과거로부터 이어받아, 현재 문화 창조의 밑거름으로 삼고, 더욱 발전시켜 후손들에게 물려준다. 이 과정에 언어는 매우 중요한 도구가 된다.

본능에 의한 군집(群集)인 동물의 집단과
문화 주체로의 인간 사회는 다르다.

문화의 주체는 분명 인간이다. 그러나 문화 주체로서의 인간은 한 개인을 의미하는 것이 아니다. 문화는 공동체 삶 속에서 형성되기에 혼자의 힘으로 문화를 형성하지 못한다. 결국 집단으로서의 인간만이 문화의 주체가 될 수 있다.

(2) 문화의 환경

문화 주체로서의 인간 집단이 그들만의 독특한 문화를 형성하는 데에
는 자연환경 내지 사회환경이 중요하다. 왜냐하면 인간이 생활하는 지역
적 환경 및 사회적 환경에 따라 독특한 성질의 문화가 나타나기 때문이
다. 한국 문화 역시 한반도라는 생활환경을 공유하는 집단에 의해 형성된
문화이며, 그 하위로 지역을 달리하는 경기문화, 경상문화, 전라문화 등으
로 구분된다. 또한 지형적인 차이에 의한 도시문화, 농촌문화도 이와 관련
된다.

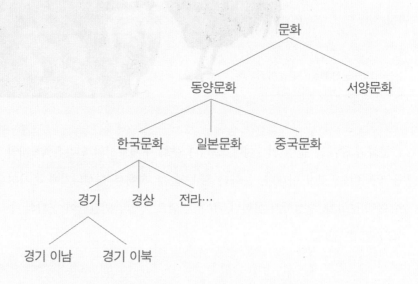

사회환경 및 계층에 따르는 문화에서(문화를 상층·중간층·하층의 3계층으
로 나눌 경우), 상층문화는 소수의 정신적 지도자층에 의하여 형성된 것이

고, 중간층 문화는 상층문화가 중간층에 불완전한 형태로 받아들여진 문화이다. 하층문화는 이들 상층에서 형성된 문화가 민족의 모태로서의 서민 대중인 기층(Mutterschichten)에 침하(沈下)한 것인데, 이 기층 속에 유지되어 있는 문화를 기층문화라고 한다. 이와 같이 문화는 지역적, 사회적 환경의 차이에 따라 다양하게 나누어진다. 그만큼 문화를 이해하는데 있어 생활환경은 중요하다.

(3) 문화의 종류

문화는 강에 비유될 정도로 그 내용이나 종류가 다양하다. 특정한 환경에서 생활하는 인간에 의해 형성되는 것이 문화라면, 인간과 관련되는 모든 대상이 이에 포함될 것이다. 즉 정치에서부터 경제, 사회, 법률, 제도, 규칙을 포함하여, 의·식·주, 민속, 종교, 교통 등 헤아릴 수 없을 정도이다.

문화의 종류는 정치, 경제, 사회, 법률, 제도, 규칙을 포함하여,
의·식·주, 민속, 종교, 교통 등 헤아릴 수 없을 정도로 다양하다. (中:보충 설명 2, 右:보충 설명 3 참고)

더구나 문화의 내용은 앞으로 더욱더 빠른 속도로 변하고, 지금보다 훨씬 복잡해질 것은 불을 보듯 뻔하다. 과학화, 기술화로 인한 물질문화가 급속도로 발달하면서 이에 필요한 우리들의 정신문화 또한 바뀌게 될 것이기 때문이다.

(4) 문화의 조건

문화라 규정할 수 있는 기준은 무엇인가? 문화가 인간의 삶과 관련되는 직·간접적인 생활양식 내지 행동양식이라고 해서 인간의 모든 것을 문화라 하지 않는다. 인간의 생활방식 중 문화로 규정되기 위해서 반드시 필요한 것은 바로 '의도적인 행동'의 발현이다. 예를 들어 우리가 생존하기 위해 본능적으로 음식을 섭취한다고 가정을 해 보자. 이는 인간의 의도적인 행동양식이 아니기에 문화 범주에 포함될 수 없다. 그러나 음식의 섭취가 어떠한 의도나 목적을 위해 특정한 방법으로 나타난다면 식문화라 할 수 있다. 또한 개인의 단순한 습관적 행동이나 생활 모습이 사회적으로 인정된 의도와 방법에 따르는 것이라면 이도 문화의 범주에 포함된다.

　　외래문화의 무비판적 수용은 주로 자국문화를 천시함에서 비롯된다. 외국문화만이 최고라 생각하는 이러한 태도는 문화 사대주의에 빠질 위험을 초래한다. 물론 외래문화 수용 그 자체가 나쁜 것은 아니다. 외래문화 역시 기존 문화 발전에 일정부분 기여하며 상호작용을 통해 새로운 문화를 창조하는 것은 자명하다. 외래문화의 무비판적 배척은 자국 중심의 문화주의에 빠져 민족주의로 흐를 위험성이 짙으므로 무비판적 수용과 마찬가지로 지양해야 할 것이다. 과거 서양을 배척하라는 대원군의 쇄국정책이 이에 해당한다.

척화비 문구 • 洋夷侵犯 非戰則和 主和賣國	
의미	

마지막으로 외래문화의 비판적 수용은 합리적, 비판적 견지에서 우리 문화 발전에 기여할 수 있는 외래문화를 받아들이는 입장이다. 현재 존재하는 어떠한 문화도 원형 그대로인 문화는 없다. 시간이 흐르면서 자생적으로 변하기도 사라지기도 한다. 그러나 대부분 경우 이웃 문화와의 접촉과정에서 많은 부분들이 변모한다. 문화가 발전하고 정교해지기 위해서는 반드시 내·외적인 자극이 가해져야 하며, 외적인 자극은 외래문화와의 접촉을 통하는데, 이를 '전파'와 '접변'으로 나눌 수 있다.

(1) 문화의 전파

한국과 일본은 불교를 받아들여 각자 다른 양상의 불교로 발전시켰다.(左: 보충 설명 4, 中: 보충 설명 5 참고)

문화의 전파(傳播)는 외부의 문화가 수용되면서 기존의 문화와 접촉하는 경우이다. 이는 문화 발전의 자연스런 현상이며, 문화의 전 영역에서 일어난다. 그것은 단순한 모방으로 그치는 것이 아니고 그들의 환경에 알맞게 변형되는 것이다. 아래 좌담회에서는 한국과 일본이 불교를 받아들여 그들만의 불교로 발전시킨 것을 알 수 있다.

불교-같은 뿌리 다른 양상

- **최병헌** : 한국 불교의 특색으로는 회통(會通)불교, 호국(護國)불교, 무불습합(巫佛褶合)의 불교 세 가지를 들 수 있습니다. 일본 불교의 특색으로는 진호국가(鎭護國家), 대승불교(大乘佛敎), 원돈삼학(圓頓三學), 진속일관(眞俗一貫), 즉신성불(卽身成佛), 본지수적(本地垂迹) 등 6가지가 제시되고 있습니다. 한국에서는 삼국시대부터 통일신라까지 중국에서 성립된 각 학파의 불교를 받아들여 통합 불교를 성립시켰습니다. 고려시대에는 종파의 분립은 있었으나 대립을 극복해 선교통합(禪敎統合)을 이루었고, 마침내 조선시대에 선종(禪宗)으로 통합됐습니다. 일본 불교는 상대적으로 종파성이 강해 나라(奈良)시대의 남도육종(南都六宗:法相宗 三論宗 俱舍宗 成實宗華嚴宗 律宗) 등 수많은 종파가 분열을 거듭해왔습니다. 또 종파마다 염불이면 염불, 선이면 선에 전념하면서 다른 요소는 배격합니다. 이런 종파적 경향은 한국 불교의 회통적인 성격과 확실히 구별됩니다. 한국의 중앙집권적인 사회와 통일성의 문화, 일본의 지방분권적인 사회와 분산적인 문화가 대비되는 것과 같습니다. 한국 불교의 호국적

성격과 일본 불교의 진호국가설도 불교의 국가주의적
성향을 나타내는 공통된 특색이지만, 일본 불교가 국가
주의적 성격이 더 두드러집니다. 이런 성향은 메이지(明
治)시대에 절정을 이루어 호법(護法)과 호국(護國)의 일
치를 주장하는 국가주의적 불교의 극치를 보여줍니다.
또 고려 지눌(知訥:1158~1210)의 조계종(曹溪宗)과 일본
에이세이(榮西1141~1215)의 임제종(臨濟宗), 도겐(道元
1200~1253)의 조동종(曹洞宗)을 비교하면 차이가 분명
해집니다. 도겐은 문필로 진리를 표현하는 자세에 비판
적이었던 것 같습니다. 도겐의 조동종은 좌선만을 내세
웠습니다. 그 결과 무사들의 단순직절(單純直截)한 성격
에 선(禪)이 쉽게 연결될 수 있었고, 무사의 정신적 기반
을 제공하는 불교로 발전했던 것입니다.

• 우메하라 : 일본은 중국에서는 주변적이었던 종교를 받아들여 더
욱 발전시키고 이어왔습니다. 한국에 없는 것은 정토
종입니다. 이것은 7세기에 일어났던 것을 법연(法然)이
13세기에 재흥시킨 것입니다. 나무아미타불만 입 속에
서 되뇌면 모두 구원을 받는다는 교리지요. 불교 전체
를 나무아미타불이라는 말에 집약했어요. 난묘호렌게
쿄(南無妙法蓮華經)라는 불경 이름을 말하면 모두 구제
를 받는다고도 했어요.

• 이어령 : 한국 문화는 형태가 없고 관념적이며 철학적이고 내적인
성격을 띠는 반면 일본은 틀이 있고 쉽고 명료하고 물질
적인 성격이 강해 불교에서도 추상성과 구상성의 차이가
있다고 말할 수 있겠습니다.   • 한국일보, 2001. 6. 13.

(2) 문화의 접변

　문화의 접변(接變)은 일순간의 급격한 문화접촉을 의미한다. 즉 아주 짧은 시간 안에 일어나는 현상으로 오랜 시간을 거쳐 서서히 수용되는 전파와 그 성격이 다르다. 따라서 접변에 의한 문화변동은 자연스러운 현상이 아니기에, 어떤 강제적 힘에 의해 일어난다. 일제 식민지 하 대부분의 문화 현상들이 이에 해당한다.

3.
문화해석의 관점

한 지역이나 나라의 문화는 그 나름대로의 지역적 특색이나 역사적 상황 속에서 형성된 결과물로, 그 자체로 객관적 대상이다. 이 객관적 대상으로서의 문화는 이를 바라보는 두 시각 차이에 의해 달리 해석된다.

(1) 문화 상대주의

정의 문화 상대주의는 세계 문화의 다양성을 인정한다. 각 문화는 독특한 환경과 역사적·사회적 상황에서 이해되어야 한다는 견해다. 문화는 생활방식의 필요에 의해서 형성되는 것이기 때문에 우월한 또는 미개한 문화가 따로 존재하지 않는다. 따라서 문화는 자기중심적 입장이 아닌 상대의 입장에서 바라볼 때에만 그 진정한 가치를 살필 수 있다. 문화 인류학자 베네딕트의 저서 『문화의 유형』은 인간 행위를 지배하는 윤리가 사회의 관습에 따라 얼마나 다양한가를 보여준다.

문화는 자기중심적 입장이 아닌 상대의
입장에서 바라볼 때에만 그 진정한 가치
를 살필 수 있다.

A • 협동을 가치 있는 것으로 인식하는 원주민

B • 경쟁을 가치 있는 것으로 인식하는 원주민

베네딕트에 따르면, 각 사회의 문화는 서로 상대적인 단면들을 가지고
있으며, 문화적 가치들은 그 사회 관계적 조건에 따라 각각의 고유한 의미
를 지닌다 하였다. 그에 따라 각기 다른 사회적 관계 맺음의 원리, 즉 윤
리를 형성해낸다. 가령 어떤 사회의 별난 관습이나 문화형식은 그 사회의
생활양식을 구성하고 있는 다른 변수들과의 상호 관련 속에서 생겨난 것
이라고 본다. 따라서 자신이 보는 문화적 기준으로 다른 문화를 무조건
폄하하거나 미개시해서는 안 된다.

`형성 배경`　19세기 후반, 문화 절대주의적 관점으로 시작된 문화 인류학은 20세기 초반, 특히 미국에서, 문화 상대주의로 선회하였다. 즉 베네딕트를 비롯한 미국 문화 인류학자들은 19세기의 사색적이고 유럽 중심적인 문화관을 버리고 경험 과학적 연구를 통한 문화 상대주의를 제창하게 되었다. 소위 원시 문화를 연구해본 결과, 그 문화에도 나름대로의 논리와 치밀한 체계성을 갖추고 있음을 알게 되었고, 따라서 서양문화와는 다른 척도로 이들 문화를 평가해야 할 필요를 느끼게 되었다. 이처럼 모든 문화를 동일선상에서 선진문화, 후진문화로 나누어 볼 것이 아니라, 서로 다른 표준과 체계를 가진 대등한 관계로 바라봐야 한다는 것이다.

`긍정적`　문화 상대주의는 지금까지 세계를 지배했던 서양문화의 절대 우월성이라는 맹신을 깨는 데 기여를 했다. 한편, 문화 해석에 이데올로기적 요소를 배제하고 개인의 문화 창조 능력을 올바르게 평가할 수 있게 되었다. 더 나아가 전통 문화의 가치를 객관적으로 평가할 수 있는 가능성을 열어 놓았다.

`문제점`　모든 문화를 나름의 가치를 지닌 것으로 인정하는 문화 상대주의도 치명적 오류를 지니고 있다. 상대적 특수성으로 문화를 바라볼 때 독일의 반유대주의 정책에서 비롯된 비극적 인종말살이나, 인도의 카스트 제도와 같은 전통적 신분제도, 그리고 고려장과 같은 인습도 정당화될 수 있다는 것이다. 그러면, 모든 문화는 그것이 존재하는 것만으로 정당화되며, 문화의 개혁, 쇄신, 발전 등의 의미가 모호해질 것이다. 그러므

로 문화 상대주의적 입장에서 문화를 보더라도 인간의 존엄성이나 자유와 같은 보편적 가치와 선을 기준으로 삼아 정당성이 있는 문화인지를 판단해야 한다.

〈해초 한우〉

무슨 고기를 먹는가? 문화를 바라보는 다양한 관점은 이 소소한 질문 안에도 존재한다.

(2) 문화 절대주의

정의 문화 절대주의는 세계의 모든 문화는 동일한 하나의 과정을 거쳐서 발전하게 된다고 생각한다. 모든 문화의 차이는 단순히 발달정도의 차이로 간주하는 태도로 자국의 문화만이 유일한 문화이며, 자신들의 문화가 가장 발달된 것이라는 문화 우월주의 사상이라 할 수 있다. 오늘날, 우리가 '선진문화' 혹은 '후진문화', '야만인' 등의 표현을 쓸 때, 우리는 분명히 의식하지 못하는 가운데 문화 절대주의 관점을 전제하고 있다.

`형성 배경`   과거에 중국, 희랍, 로마인들의 자만심에 못지않게 19세기까
지만 해도 서양 사람들은 자기네의 문화가 가장 고상하며 진화론의 이론
에 비추어 가장 진화된 문화라고 생각했고, 당시의 식민지 국가나 약소국
가들조차도 대개 그들의 생각에 동조했다. 고대 중국인들이나 그리스인
들은 자기네의 문화만이 유일한 것이고, 자신들의 문화에 속하지 않은 다
른 민족들을 오랑캐 혹은 야만인이라고 불렀다. 유럽인들도 꽤 오랜 동안
자신들의 문화가 가장 발달된 것이라고 자부하였다. 이러한 태도가 문화
절대론적 사고방식을 형성하게 되었다.

`긍정적`   문화를 절대주의적 관점에서 바라볼 때, 자국문화 우월주의에
빠진다고 보았다. 물론 이러한 태도는 부정적인 모습을 많이 내포하고 있
지만, 자국문화 우월성이라는 의식을 국민 모두가 간직한다고 했을 때 이
러한 의식이 문화의 발전과 진화에 커다란 원동력이 되는 것도 사실이다.
항상 양극의 상황은 위험한 것이다. 기본적으로 자국의 문화에 대한 자부
심은 고수하되, 객관적으로 우수한 외래문화를 인정하는 태도가 진정한
문화 발전에 도움이 될 것이다.

`문제점`   우리의 역사에서 중국의 문화를 우리 조상들이 무비판적으로
인정한 것처럼, 유럽문화 우월 사상도 식민지를 비롯한 세계의 약소국가
들이 그대로 받아들였고, 이러한 생각은 오늘날까지 강하게 남아 있다.
그러나 이는 많은 오류를 포함하고 있다. 그것은 우선 인간의 무한한 창
조능력을 과소평가한 것인 동시에 문화의 다양성을 무시하게 하는 결과

를 가져오게 했다. 이에 따르면 우리 문화와 다른 모든 외래문화는 야만적이고, 원시적인 것으로 받아들이는 심각한 문제가 발생한다.

Think about

농경문화와 생산력의 관계는 한국인의 독특한 보신문화를 형성하게 하였다. 단백질을 보충하기 위한 육류의 섭취를 위해 한국인은 '소, 닭, 돼지'보다 '개'를 선택했기 때문이다. 그 이유에 대해 생각해보자.

◆◇◆

다음은 개고기 문화에 대한 찬·반의 신문기사이다. 이 글을 문화상대주의와 절대주의적 관점에서 생각해보고, 본인의 생각은 어떠한 지 이야기해보자.

미·영서 개고기 문화 비난 다시 거세져

정부가 식용 개고기(보신탕) 문제로 다시 골머리를 앓고 있다. 삼복더위가 기승을 부리면서 국내 개고기 소비량이 크게 늘고 있는 와중에 외국에서는 한국의 개고기 문화를 비난하는 목소리가 다시 높아지고 있기 때문이다. 중복인 26일 보건복지부는 미국, 영국 주재 한국대사관으로부터 한국의 개고기 포식 및 개 도살 문화를 성토하는 현지 분위기를 알리며 적절한 대책을 마련토록 요청하는 공문을 받았다.

이 공문에 따르면 영국 런던에서는 지난 16일 한·영 양국의 동물보호협회 관계자 등 170여 명이 한국 대사관 앞에 모여 한국 내에서 벌어지고 있는 잔인한 개 도살 관행과 개고기 포식 문화에 항의하는 집회를 가진 뒤 국회의사당까지 가두행진을 벌였다. 이에 그치지 않고 영국의 2개 TV방송은 이날 시위 장면과 함께 한국의 개 도살 전후 과정을 적나라하게 폭로하는 특집 프로그램을 보도했다.

이 방송이 나간 뒤 주영 한국대사관에는 200여 통의 항의 서한이 접수됐으며 갈수록 우리의 개고기 포식과 개 도살을 비난하는 정서가 고조되고 있는 것으로 전해졌다. 미국의 동물애호가들은 한국의 개 도살 장면이 실린 팸플릿을 가두 배포하는가 하면 인터넷 등에 이 같은 사진을 올려놓고 동조 세력을 규합하고 있다. 한술 더 떠 이들은 한국 상품 불매 및 한국여행 취소 운동을 벌이는 한편 자국 내의 2002 월드컵 후원사들에 '월드컵 보이콧'을 무기로 후원 취소 압력을 넣고 있다.

복지부 관계자는 "최근 복지부 장관 앞으로도 영국인이 쓴 항의 서한 2통이 날아왔다"면서 "전에도 있었던 일이지만 이번에는 월드컵 대회를 앞두고 있어 분위기가 심상치 않은 것 같다"고 말했다. 복지부와 영국대사관 등에 접수된 항의서한들은 대동소이한 내용들로, ▶개나 고양이를 산 채로 끓이는 소주 제조, ▶고기 맛을 좋게 하기 위해 의도적으로 시간을 늦추는 도살방법, ▶좁은 개장에 여러 마리의 개를 집어넣는 운송방법 등에 대해 특히 강한 혐오감을 표시하고 있다고 이 관계자는 덧붙였다. (중략) 현행 동물보호법 제6조에는 타인에게 혐오감을 주는 잔인한 방법으로 개 등을 운송, 도살할 경우 20만원 이하 벌금이나, 구류형에 처할 수 있도록 규정돼 있다. 그러나 정부로서는 88올림픽 당시 외국인들의 거센 개고기 비난 기류에 밀려 91년 이 법을 제정하기는 했으나 지금까지 단속 실적이 전무해 월드컵이 코앞에 다가왔다고 해서 새삼 단속에 나서기는 어려울 것으로 예상된다. 복지부도 지난 84년 읍 이상 지역에서의 식용 개고기 판매를 금지하는 행정고시를 공포했으나 현재는 거의 사문화된 상태여서 단속의 엄두도 내지 못하고 있다. (하략)

• 연합뉴스, 2001. 7. 27.

개고기는 한국 고유문화, 서방서 개입할 일 아니다

한국의 개고기 식용문화를 보는 서방언론의 시각이 "일방적 매도"에서 한국 고유의 "문화적 다양성"을 인정하는 쪽으로 바뀌고 있다. 미국의 유력 일간지 뉴욕타임스는 13일자에서 많은 한국인이 보신용으로 오랜 기간 개고기를 먹어 왔다고 소개하면서 식용개는 애완견과는 다르다는 점을 전했다. 또 의사들이 수술 환자들에게 개고기를 권유하기도 한다는 이야기를 기사로 실으면서 "한국의 개고기 식용문화가 도전을 받게 된 것은 서구문명이 유입된 이후의 일이며 이는 일종의 '문화충돌'과 같은 성격을 띤 것"이라고 지적했다. (중략)

홍콩의 시사주간지 "파 이스턴 이코노믹 리뷰(FEER)"도 최신호(12월 20일자)에서 "개고기는 도덕적 논란거리가 아니다"라는 제목의 사설을 통해 타문화를 폄하하는 서구의 시각을 비판했다. 사설은 "개를 끔찍하게 여기는 일부 동물 보호론자들이 소를 신성시하는 힌두 채식주의자들의 정서를 생각해 볼 여유는 왜 없는지 궁금하다"며 "잘게 썬 쇠고기 육회 위에 날계란을 얹어 먹는 것에 힌두교도들이 나타낼 혐오감을 한 번 상상 해보라"고 브리지트 바르도를 비롯한 동물 보호론자들을 훈계했다.

앞서 인터내셔널 헤럴드 트리뷴(IHT)은 12일 보신탕 문화의 역사적 배경을 소개하며 보신탕을 옹호하는 기사를 실었다. 신문은 "한국인들이 개고기 요리를 방어하고 있다"는 제목의 기사에서 "프랑스인이 고양이 먹는 것을 두고 우리가 잔소리하지 않는 것처럼 우리를 그냥 내버려 둬 달라"는 한 보신탕 애호가의 목소리를 전했다. 아사히 신문과 도쿄 신문 등 일본 언론들도 같은 날 한국 정부가 서방의 압력에 굴복해서는 안 된다는 "응원성" 기사를 내보냈다.

지난달 15일 독일의 일간지인 "프랑크푸르터 알게마이네 차이퉁"도 제프 블래터 국제축구연맹(FIFA) 회장이 개고기를 먹는 한국의 음식 관습에 대해 시비를 거는 것은 부당하다고 보도했다. 신문은 서울발 기사에서 "98년 프랑스 월드컵 당시 FIFA가 프랑스인들에게 말고기, 달팽이, 개구리 뒷다리 요리를 먹지 못하도록 강요하지 않았다"며 "국제스포츠계 인사들이 2008년 베이징 올림픽 기간에 식단을 바꾸도록 중국에도 압력을 가할 용기가 있는지 의심스럽다"고 지적했다. (중략)

월드컵을 앞두고 촉발된 개고기 논쟁에서 서방 언론의 시각이 다양성 인정이라는 쪽으로 변화되고 있는 것은 고무적인 일이다. 하지만 서구의 개고기 비판여론이 개고기 식용 그 자체보다 "잔인한 도축"을 더 문제삼고 있는 만큼 귀 기울여 들어야 할 부분이 많다는 의견도 제기되고 있다.

• 한국경제신문, 2001. 12. 14.

Let's learn and experience Korean Culture!

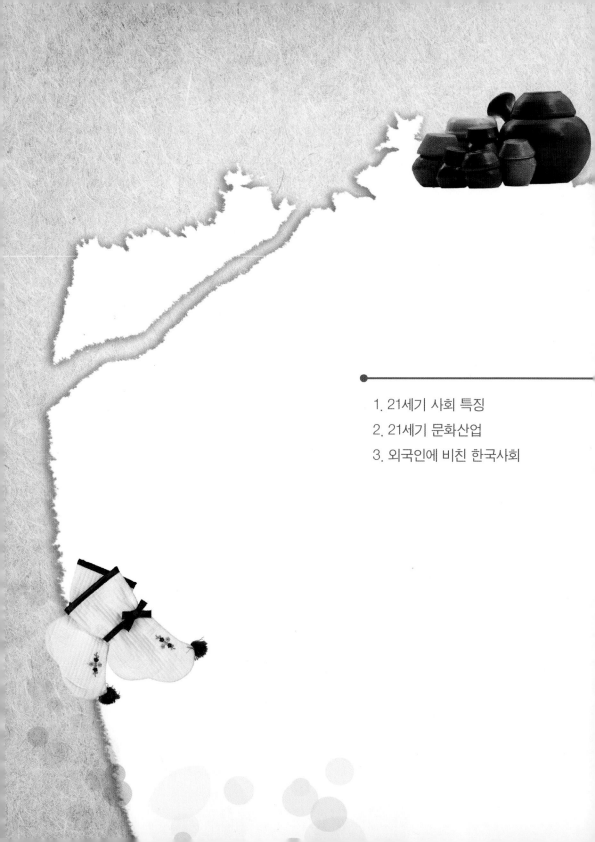

제2장

21세기 한국,
어디로 가는가?

1.
21세기 사회 특징

　사회의 변화는 문화의 변화로 이어지게 된다. 문화는 사회를 반영하기 때문이다. 지금 한국인이 생활하는 사회는 과거와 비교해 많이 달라졌으며, 앞으로도 지속적인 변화의 과정을 밟을 것이다. 그에 따라 한국 문화를 형성하는 제 영역에서 새롭고 다양한 문화현상들이 나타난다.

(1) 다문화 사회

　21세기의 사회는 문화의 다양성을 그 특징으로 한다. 과학기술의 발달로 세계는 일일생활권으로 좁혀졌으며 통신기술의 비약적 발전은 보지 않은 것, 가지 않은 곳들의 정보를 자신의 책상에서 확인할 수 있게 만들어 주었다. 이로 인해 국경이나 지역적 경계는 더 이상 의미가 없게 되었다. 다양한 문화의 수용을 통해 자국의 문화, 지역의 문화를 더욱 변화, 발전시킬 수 있게 되었다. 어느 미래학자는 앞으로 영어, 중국어, 불어의 3개 언어만이 사용되고, 그 나머지 언어들은 사라지거나 퇴락할 것이라고 하였다. 이런 주장의 가능성을 부인할 수는 없지만 문화(언어)는 항상 진보와 보수 간의 상호 견제로 어느 한 방향으로의 일방적 경도를 묵인하지 않는다.

(2) Speed 사회

교통, 통신수단의 발달은 사회변화 속도의 단적인 예가 된다.

21세기 사회변화의 속도는 대단히 빠르다. 기원 1세기부터 19세기까지에 일어났던 과학, 기술 및 제 분야의 변화와 20세기 전반기에 일어났던 변화를 비교해보자. 질적인 면을 고려하지 않더라도 실생활 전반에 걸친 변화는 불과 50여 년 동안 이루어낸 것이 2000여 년의 시간에 걸쳐 이루어진 것들을 압도하고 있다. 교통, 통신수단의 발달이 그 단적인 예가 될 것이다. 다시 1세기부터 20세기 전반기를 다 아우르는 기간의 변화도 20세기 후반 50년 동안의 변화를 따라오지 못한다.

(3) Open Mind 사회

현대는 다양한 사회 영역들의 벽이 허물어지고 있다.

인간의 사회는 다양한 층위의 영역으로 구성되어 있다. 각 영역들은 공통성과 그 나름대로의 독자성을 함께 가지고 있다. 얼마 전까지만 하더라도 이들 영역들은 각자의 독자성을 견고히 함으로써 타 영역과의 경계를 명확히 드러냈다. 한 예로 음악이라는 장르 안에서도 클래식 전공자와 대중음악 전공자는 서로 배타적인 관계에 있었다. 때로 클래식 전공자가 대중음악을 하게 되면 변절, 전락이라는 부정적 시각에서 자유로울 수 없었다. 또한 과거 우리들은 음악이나 미술, 영화, 연기의 지망생들을 정상적인 궤도에서 벗어난 사람들로 인식한 적도 있었다. 그러나 요즘 세대의 장래희망 일 순위가 연기자, 체육인이 되는 것이고, 영웅시 되기까지 한다.

현대는 다양한 사회 영역들의 벽이 허물어지고 있다. 이러한 모습은 순수 학문의 세계에서도 나타난다.

(4) 고령화 사회

과학기술의 발달은 인간의 수명을 연장시키고 있다. 과거와 비교해 현재 인간의 수명은 약 두 배 가량 증가했다 한다. 21세기 후반쯤에는 인간의 수명이 150세가 되리라는 예측도 있다. 이렇게 인간의 수명이 증가할 때 현재의 정년에 해당하는 나이는 인생의 중간에 해당한다. 따라서 생명 연장과 삶의 질 향상이라는 두 마리의 토끼를 잡기 위해 복지정책과 사회, 경제정책 등의 대폭적인 수정과 인식의 변화가 필요하다.

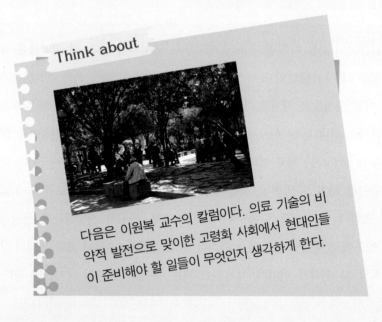

Think about

다음은 이원복 교수의 칼럼이다. 의료 기술의 비약적 발전으로 맞이한 고령화 사회에서 현대인들이 준비해야 할 일들이 무엇인지 생각하게 한다.

'100세 시대' 기초 다지기

환갑잔치가 사라져 버린 건 이미 오래됐다. 시인 두보(杜甫)가 그의 시 '곡강'(曲江)에서 '인생칠십고래희'(人生七十古來稀)라 읊었다 해서 유래된 고희. 일흔 살이란 옛날엔 정말 드문 장수였지만 요즘은 '인생은 칠십부터'란 말이 나올 정도로 평균수명이 길어졌다. 세계 최장수국인 일본인들은 팔십 세를 살고 한국전쟁 직후 오십여 세에 불과했던 한국인의 평균수명도 급격하게 길어지고 있다. 1800년대 초 산업화가 한참 추진되던 영국의 공장지대 글래스고의 노동자 평균수명이 29세였다니 열악한 환경, 위생, 영양이 인간 수명에 끼치는 영향은 가히 절대적이라 하겠다.

그러나 오늘날의 환경은 어떠한가? (중략) 눈부신 의약 발달로 몇 가지 질병을 제외하곤 얼마든지 치료해내는 시대가 되었다. 과학자들은 인간의 자연수명을 120세로 보고 있는 것이 정설이다. 요즘 신세대는 문명의 혜택을 최고로 누리는 시대에 사는 만큼 정신적인 고통과 스트레스만 잘 통제하면 팔십 세, 구십 세가 아니라 백세 수명도 불가능한 것은 아니다.

중요한 것은 연령이 아니라 얼마나 건강하게 사느냐이다. 날로 발달하는 노인의학에 비추어 볼 때, 평균수명 백세라면 적어도 구십 세까지는 몸과 마음이 정상인 상태를 유지할 수 있다는 얘기가 된다. 더구나 정보와 지식의 시대로 접어들면서 젊은이들의 정신적 성숙시기는 기성세대보다 훨씬 빨라 십대 후반이면 몸과 마음이 완전 성숙한 단계가 되니, 실질적으로 '정상적 성숙 인생'을 무려 70년이나 누릴 수 있다.

여기에 비해 기성세대는 정신적 성숙이 늦어 나이 서른이 되어야 겨우 '철들었다'는 얘기를 들을 수 있었고, 오십대에 이미 정년 퇴직하여 육십이 넘으면 육체적으로 쇠진하기 시작하니, 그들의 실효(實

效)인생은 고작 30~35년. 그러니까 오늘의 젊은 세대들은 그들의 아버지 세대보다 정확하게 두 배의 인생을 살 수 있게 되었다. (중략) 그러나 두 배의 인생을 살게 된다면? 우선 패러다임부터 바뀌어야 한다. 70년이란 실질인생, 거기에 격변하는 시대와 환경. 한치 앞을 내다 볼 수 없는 불확실한 미래…. 이런 시대에 아버지 세대처럼 자로 잰 듯 정확하게 이번이 마지막이란 식으로 산다면 인생의 대부분을 회의와 후회 속에서 보내게 될 지도 모른다. 아무리 시대가 바뀌더라도, 시대의 변화가 급격하면 할수록 가장 중요한 것은 변화에 적응할 수 있는 능력인 기본지식과 소양이다. 일생에 직업을 적어도 서너 번 바꾸어야 되는 미래를 살 젊은이들인 만큼 더욱 기초를 단단히 쌓아야 한다. 두 배의 인생을 살 수 있다면 기초 쌓는 데에도 마땅히 두 배의 시간을 들여야 한다.

• 동아일보, 2002. 1. 31.

(5) 환경 친화적 사회

인류는 물질문명의 혜택을 누리면서 많은 것을 잃었다. 그 대표적인 것이 바로 자연환경이다. 발전 지향적인 계획 정책들로 인해 아름답던 자연은 치유되기 힘들 정도로 훼손되고 있다. 뿜어져 나오는 자동차 매연과 공장에서 흘러나오는 폐수 등이 인간의 생명을 위협한다. 한국은 과거 금수강산(錦繡江山)이라 불렸다. 즉 비단에 수를 놓은 듯한 아름다운 자연을 가지고 있었다. 산골짜기에서 흘러나오는 물, 또는 마을 앞을 흘러가는 도랑물을 먹고도 아무 탈이 없었던 깨끗한 자연이었다. 지구 어느 곳에서도 찾아볼 수 없는 천혜의 자연환경이었다. 그러나 요즘은 수돗물을 믿지 못해 가정마다 정수기를 설치하고 해외에서 수입된 광천수를 선호하는 등 대동강 물을 팔았던 봉이 김선달의 황당한 이야기가 현실이 되었다. 따라서 21세기에는 이러한 문제를 해결하기 위해 국가 간 협력이 절대적이다.

〈설악산 단풍〉

과거 금수강산(錦繡江山)이라 불렸던 한국, 그러나 환경문제는 21세기의 중요한 화두가 되었다.

2.
21세기 문화산업

신경숙의 〈엄마를 부탁해〉 번역서.

　문화산업은 문화를 통한 경제적 이득을 목적으로 대량 생산과 유통 그리고 대량소비를 그 특징으로 한다. 지금까지 문화산업의 대종은 영화 산업이었다. 최근에는 음반 산업, 도서(출판) 산업, 관광 산업, 스포츠 산업, 패션 산업 등 문화의 종류가 세분화되듯 산업 또한 다양성화 되었다. 문화산업은 다른 산업과 달리 환경오염의 문제도 발생시키지 않으면서 상당한 부가가치를 올리기 때문에 앞으로 무궁무진한 성장이 예상된다. 영화 한편의 제작이 거둔 수입이 기업이 몇 년의 수출을 통해 얻는 수익보다 훨씬 큰 경우를 생각한다면 이의 파급효과를 짐작하고도 남는다. 한류의 상징이 된 각종 드라마나 영화 그리고 관광명소를 찾는 외국인에게서 벌어들이는 경제적 가치는 어마어마하다.

〈남이섬 설경〉

음반, 도서(출판), 관광, 스포츠, 패션 산업 등 21세기는 문화산업의 천국이다.

(1) 문화산업의 생성 배경

'문화산업'은 호르크하이머(Max Horkheimer)와 아도르노(Theodor Adorno)가 1940년대 중반에 공동 집필한 『계몽의 변증법』 속의 "문화산업 : 대중 기만으로서의 계몽"에서 처음 사용하였다. 문화산업은 자본주의 경제의 모순과 그 해결에서 출발한다. 19세기 팽배한 각국의 제국주의 정책은 식민지국의 건설을 통한 자국 상품의 외부시장 개척에 핵심이 있었다. 그러나 식민지 시장이 그 한계에 달하자 자본주의는 문화를 상품으로 새로운 시장을 모색하기에 이르렀다.

(2) 문화산업의 양면성

문화산업을 바라보는 관점은 긍정론과 부정론이 있다. 즉 문화산업의 확장이 인간다운 삶을 위한 한 방편이라는 긍정론과 상대적으로 선진 자본주의 국가들에 의한 문화의 지배로 21세기형의 새로운 지배—종속의 관계를 형성한다는 부정론이 그것이다.

`문화산업 발전론` 문화산업 발전론은 오늘날 직면하고 있는 현실이다. 문화산업이 생활의 일부분을 차지하고 있다는 것이다. 영화의 예에서 보듯, 문화산업은 기존 산업보다 고부가 가치를 올리고 국민들에게 다양한 문화접촉의 기회를 제공함으로써 인간다운 삶을 신장시키는 긍정적인 면이 있다. 곧 문화산업의 육성은 인류의 문화발전을 가능하게 하는 것이며, 동시에 산업화된 문화를 창조적 가능성으로 파악하게 한다.

`문화산업 비판론` 문화산업이 자본주의 모순에서 출발했다는 점에서 알 수 있다. 이들의 공통된 생각은 표면적으로는 대중들에 의한 문화지배 현상이 나타나지만 이면적으로 문화 생산자는 문화 산업체, 초국가 문화, 정보복합 기업체라는 것이다. 이들에 의한 문화산업의 목적은 자본주의 원리인, 기업의 이윤추구이다. 따라서 대중들

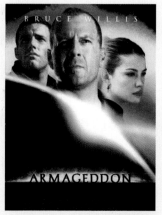

영화 〈아마겟돈〉

은 거대한 기업체가 생산한 문화 상품의 소비자로서 전략하게 된다는 것
이다. 또 다른 폐해는 서구 신자본주의 국가들에 의한 문화 제국주의적
현상이 나타난다는 점이다. 영상매체에서 두드러지게 나타나는데 미국의
영화산업이 노리는 목적이 이에 해당한다. 암시적인 메시지를 통해 자국
의 문화 우월주의를 표방하는 것이다. '아마겟돈'이나 '인디펜던스 데이' 등
의 영화들이 공통적으로 내세우는 메시지는 미국이 세계를 구원한다는
자국(백인)우월주의다.

3.
외국인에 비친 한국사회

한국문화의 개관에 앞서 한국에서 특파원 생활을 하고 있는 외국인들에 비친 오늘날 우리의 자화상은 어떠한지 아래의 신문기사를 보기로 하자.

난·상·토·론

한국서 살아보니…   주한 외국 특파원 6人*

---

* 바버라 데믹(Barbara Demick): 미국 로스앤젤레스 타임스.
디르크 고더(Dirk Godder·37): 독일 DPA 통신.
돈 커크(Don Kirk): 인터내셔널 헤럴드 트리뷴.
존 라킨(John Larkin·36): 홍콩 파 이스턴 이코노믹 리뷰.
나탈리 투레(Nathalie Tourret): 라디오 프랑스.
앤드루 워드(Andrew Ward): 영국 파이낸셜 타임스.
▶ 성(姓)의 알파벳 순. 여성 등 일부 참석자는 나이 비공개를 원했다.

"국회서 거리서 늘 충돌… 협상문화 없어"

• 주한 외국 특파원. 이들의 보도는 전세계가 한국을 들여다보는 '창'이다. 올해도 남북한 관계·월드컵·선거 등 굵직한 소재들과 틈틈이 터지는 각종 사건들 속에서 이들이 요즘 읽어내는 우리의 모습은 무엇일까. 짧게는 3개월에서 길게는 5년이 넘게 한국을 관찰 중인 미국과 유럽·홍콩의 대표적인 매체 특파원들이 서울의 한 전통 찻집에 모여 "뉴스감 많고, 듣던 것보다는 살기 괜찮은" 한국을 얘기했다. 서로 다른 일정 탓에 이들의 토론은 2회에 걸쳐 나뉘어 진행됐다._편집자

뉴스감 넘쳐 행복

• 한국은 금융 기사뿐 아니라 삼성·현대·LG와 같은 유명 기업, 남북한 관계, 동아시아 지역, 월드컵 등을 다양하게 쓸 수 있어 특파원에겐 올해 아주 좋은 곳이다.

• 한국에 간다고 하니까 주변에선 의아해했다. 독일인에겐 '한국' 하면 시위와 대북갈등을 떠올리는 상투적인 반응이 대부분이고, 아직 '신비한(exotic)' 나라다. 내 세계지도에서도 한국은 '빈 칸'이었다.

• 우리 회사에선 내가 여러 곳의 특파원 자리를 놔두고 '서울을 원한다'고 하니까 모두들 놀라더라. 오기 전에 한국의 날씨·교통 등에 대해 나쁜 얘기들을 들었지만, 실제 와서는 즐겁고 놀랐다. 서울 특파원직은 베이징과 도쿄 사이에 좀 끼어있는 느낌이 있어, 대개 미국 기자들은 더 매력적(glamorous)으로 생각하는 도쿄에서 한국을 함께 취재하고 싶어한다.

• 오기 전에는 으레 그런 잘못 포장된 한국 얘기를 듣지만, 한국은 계속 변한다. 한국이 영화와 대중음악으로 아시아권에서 존재를 분명히 드러내는 것을 보라.

• 처음엔 어리벙벙했지만, 속으로 '좋다. 이제부터 차분히 배워보자'고 생각했다. 살면서 한국을 배워나간 셈이다.

• LA의 연세대 한국어학당에서 두 달간 한국어 공부를 하고, 한국 관련 책도 읽었다. 한국에 와본 적도 없었지만, 한국이 매우 역동적 뉴스감이 되리라 봤다.

• 호주와 파리에서 틈틈이 한국어 공부를 했지만 아무래도 부족했다. 한글은 읽기는 쉽지만, 뜻을 모르면 별 도움이 안 된다.

• 한국어 문법과 글자·단어들을 배웠지만, 인터뷰는 영어나 독일어로 한다. 꽤 많은 사람들이 독일어를 할 줄 안다.

역대 정부 모두 스캔들

〈월드컵 경기장〉

- 월드컵, 남북한·한미 관계, 제너럴 모터스의 (대우 자동차)인수 협상, 올 연말 대선 모두 다 큰 관심거리다.
- 우리는 남북한 관계 뉴스에 제일 주목한다.
- 그건 별로 새로운 게 없지 않나. 70년대 초 남북 적십자회담 때나 지금이나 이산가족 상봉·서신 교환·남북한 교역 등 늘 같은 이슈다. 지난 10년간 한국 관련 최대 기사는 역시 산업 성장 스토리다.
- 그래서 우리 부장은 "뉴스거리가 없다"고 할 때가 특파원을 교체할 시기라고 한다(웃음).
- 한국 언론이 집중적으로 다루는 정치 부패 스캔들은 사실 전 세계 어디나 있어, '팔기'가 어렵다. 또 내용은 달라도 등장인물(characters)이 같다. "이 부패사건 후, 또 저 부패사건이 터져서 한국 정부가 위기에 몰렸다"는 식으로 계속 쓸 수는 없는 노릇이고.
- 역대 정부 모두 스캔들 투성이인데…. 전두환·노태우씨처럼 전직 대통령이 직접 관련된 스캔들이라면 얘기가 다르지만.
= 15년 전 아내를 죽인 범인을 냉전 때문에 당시 안기부가 은폐하고 ('수지 김' 사건), 이런 게 좋은 얘깃거리다.

• 한국 관리들은 보다 적극적으로 스스로를 알릴 필요가 있다. 한국 경제가 회복기에 접어들었을 때도 그렇고. 백악관이나 '다우닝 10번지'(영국 총리 관저)에 비해, 청와대나 재경부는 언론 조작(spin)이 덜 한 것 같다.

• 영어 매체들은 취재원·정보 접근이 매우 쉬워 보이더라. 영국 BBC 기자는 재경부 장관을 거의 자신이 원하는 시간대에 인터뷰하는 것 같다. 내 경우엔 전임자도 없어서, 누구에게 전화해야 할지 모를 때가 있다.

• 일본이나 서구 기업들은 인터뷰 준비가 철저하지만, 한국 기업들은 아직 인터뷰할 준비가 덜 됐다는 느낌도 받았다. 그러나 외교부나 재경부의 데스크들은 20년 전과는 달리 기꺼이 얘기하려고 한다.

• 난 반대로 전에 미국의 골드먼 삭스 회장과 인터뷰할 때 홍보팀과 수많은 층을 거치면서 '이런 것은 물어볼 수 있고' 식의 얘기를 얼마나 들었는지 모른다. 워싱턴 DC 주재 외국 기자들이라면 국무부 관리들과 얘기하기는 아예 단념하는 게 낫다. 그들은 미국 언론 상대하기도 바쁘니까.

보신탕 먹어보니 맛있더라

• 한번 먹었는데, 맛은 있더라. 난 '문화적 상대주의'(cultural relativism)라고 썼다. 해외 동물 애호 단체들이 반대하는 것은 개가 도축되는 방식이다. 한국 인들은 외국인들이 보신탕 문화  를 비판하는데 집착한다고 생각하지만, 여기(외국인들이 나쁘게 보리 라는 짐작)에 집착하는 것은 한국인이다.

• 외국 언론이 "먹지 말라"고 하면 한국인은 아마 더 먹을 것이다.

• 한국인에게 '이래라 저래라' 하는 것은 서구의 문화제국주의다.

• 『수천 년 된 전통』이라지만, 전통이라고 다 옳은가. 한국이 올림 픽·월드컵 같은 국제행사를 치를 수준에 도달하면, 국제사회에서 보신탕에 대한 토론이 일어나는 것은 당연하다.

• 금강산 관광 때, 나 혼자만 서방 기자여서인지 북한 가이드가 계 속 "햇볕정책이 어떻게 될지", "북한이 미국의 대테러 전쟁에 휩쓸리 겠느냐" 등을 계속 묻더라. 심지어 "오사마 빈 라덴이 어디 있느냐" 고도 물었다(웃음).

• '포용(engagement)'이 곧 '더 큰 양보'를 의미하지는 않지만, "너무 양보한다"는 비판 때문에 햇볕정책 전체가 바뀌어서도 안 된다. 긴 호흡과 인내가 필요하다.

• 2년 전 평범한 관광객 자격으로 금강산에 가 봤지만, 울타리를 넘 지 못해 북한 사회를 볼 수도 없었고 매우 인위적인 대화만 나눴다. 금강산은 휴가지도, 관광명소도 아니었다.

• 공장 옆에 교회·고교·주택가가 이어지고 그 옆엔 음식점들이 들
어선다. 도대체 도시구획(zoning)이란 게 있는지. 화려한 건물 옆에
허름한 건물이 이웃하고….

• 난 뉴욕 출신이라, 도시가 주는 그런 '경이로운 요소'들이 좋다. 그
러나 '녹색 공간'들은 더 있었으면 좋겠다.

• 개똥이 널린 파리에 비하면 서울의 대로는 깨끗하지만, 공기가 탁
하다. 집안에 쌓이는 먼지에서 오염을 실감했다.

• 한국인은 수려한 자연을 얘기하지만, 한강의 한 바위 유적지 맞은
편에는 노래방이 있더라. 밀리미터(㎜)의 공간까지도 뭘 짓겠다는 생
각을 버려야 한다.

• 노인을 존중한다면서, 어머니가 방문했는데 계단이 하도 많아 서
울 중심가로 갈 수가 없었다. '백세주'라는 술도 있는데….

- 돈에 대한 숭배가 지나치다. 과거엔 없다가 이제 빨리 돈을 벌게 된 탓일까. 협상의 문화도 없다. 길거리, 기업 거래, 국회에서 거의 매일 충돌하는 걸 본다.

- 한국 여성들은 서양 여성들의 외모를 매우 부러워한다. 나로선 기분 좋은 일이지만. 예쁜 여자가 눈·코·얼굴 모양을 서양 여자처럼 수술하고 옷차림도 모방하는 게 이해가 안 된다.

- 장인·장모가 한국인이라, 한국인 흉보기가 위험스럽다(웃음). 어쨌든 한 나라의 문화적인 문제는 아무리 장시간 앉아서 얘기해도 달라지는 것은 없을 것 같다.

- 유명 인사를 무비판적으로 좇아가는 성향이 심하다. 책 한 권이 TV에서 호평 받으면, 많은 이들이 산다. 1년에 한 번씩 찾아가는 고국에선 이런 급격한 사회변화는 느낄 수 없다.

- 방과 후에도 과외수업으로 바쁜 것을 보면 좀 지나치다는 생각도 들지만, 그것도 문화다. 엇갈린 낫과 망치 가운데에 붓이 그려진 북한 문양을 본 적이 있다. 낫질, 망치질 만큼이나 교육을 강조하는 게 '한국식 사회주의'인가 싶었다.

- 한국 남성은 외국인 여기자에 익숙지 않고, 또 '콜걸' 쯤으로 매우 쉽게 생각하는 경향도 있다. 심각한 얘기를 나누기가 쉽지 않다. 함께 먹고 마시는 문화에서 관계가 맺어져, 가까워지기도 어렵다.

⟨5만 원 권 지폐⟩

- '인간적인 장벽' 탓에 그들 속에 파고 들었다는 느낌을 갖기가 너무 어렵다. 사적이나 비즈니스 관계에서나, 파워로 서로의 관계가 규정돼 사람 사귀기가 어렵다. _조선일보, 2002. 2. 17

문화의 정의를 염두에 두고 한국문화란 무엇이며, 한국문화에는 어떠한 것들이 있는가? 에 대해 알아보기로 하자.

(1) 한국문화의 주체

넓은 의미의 문화 주체는 인간 집단이라 정의하였다. 문화의 하위 영역인 한국문화 역시 한국 민족이 주체이다. 그러면 구체적으로 한국 민족은 누구이고, 그 기원은 어디까지 거슬러 올라가는가? 사실 한국 민족이 어디서 왔고 그 뿌리의 기원이 무엇인지 밝히는 문제는 한국문화의 원류와 한국어의 형성 및 친근 관계를 밝히는 데에도 중요한 문제이다. 이들 세 가지 문제는 상호보완적인 관계에 있기에 어느 한 문제만 확실히 풀린다면 나머지 문제 또한 자연스럽게 해결될 수 있다. 한국 민족의 기원에 대한 일반적인 주장은 다음과 같다.

알타이족이 본 주거지로부터 남쪽으로 또는 북쪽으로 이동 확산하기 전에 북방 아시아에는 원주 종족들이 있었다. 이 원주 종족들은 알타이족의 이동에 밀려 동해안과 북극 지방의 불모의 땅으로 흘러갔는데, 이들을 고아시아족 내지 고시베리아족이라 부른다. 고아시아족은 아시아 내륙에 있었는데, 알타이족에 밀려 이동했을 때 그 일부는 한반도로 이주했을 것이다. 이들이 바로 오늘날 한국민족과 한국문화를 형성한 사람들이었다. 그리고 한반도 전역에 흩어져 각 지역의 독특한 문화를 형성하였다.

(2) 한국문화 형성의 환경

문화가 어느 특정한 사회적 공간, 생활공간에서 형성된 생활방식 내지 방법이라면, 한국문화를 이해하기 위해서 한반도라는 지정학적 환경과 함께 한민족의 생활환경 내지 공간의 특성에 대해 알아야 한다. 한민족 생활공간의 특징은 한국인들이 다른 민족과 섞이지 않고 오랫동안 단일 민족으로 살아와 집단의식이 강하다는 점에서 찾을 수 있다. 그것은 공간에 대한 태도 뿐 아니라 '우리'를 강조하는 한국어에도 잘 나타나는데 '우리 엄마' '우리 학교' '우리 회사' 등 '우리'를 빼놓고 말을 하는 한국 사람들이 없을 정도이다.

한국인의 생활공간은 공동체의 공간인 것이다. 한국의 전통적인 취락 구조에서도 나타난다. 한국인이 무의식적으로 떠올리는 전통마을은 '배산임수형'(背山臨水型)이다. 마을 뒤에는 항상 높든 낮든 산이 병풍처럼 둘러싸고, 마을 앞으로는 한 굽이의 시냇물이 흐른다. 전체적인 구조로 본다면 한 마을이 마치 한 가구인 양 옹기종기 모여 있는 공동체 삶의 공간이다.

오늘날에도 혈연, 지연 중심의 많은 폐해가 있다. 그러나 혈연, 지연의 사회는 부정적인 면과 동시에 긍정적인 면을 내포한다. 과거 무수한 외침을 견디어낼 수 있었던 것도 한민족의 이러한 공동체 삶이 깔려 있었기 때문일지도 모른다.

(3) 한국문화의 종류

한국문화는 다양한 문화현상들이 지층을 형성하고 있다. 인간의 삶과
관련된 모든 활동 영역이 문화의 하위범주에 속한다. 즉 정치문화, 경제문
화, 사회문화, 종교문화 등을 포함하여 교통문화, 대중문화, 언어문화 등이
다. 이 외에, 전통문화, 근대문화, 현대문화, 식사문화, 예절문화, 가신문화
등으로도 나눌 수 있다. 이처럼 세분화되고 다양한 한 나라의 문화현상
전반을 이해하기란 사실 쉬운 문제가 아니다. 각 방면의 문화현상을 두루
섭렵하기도 어려울 뿐만 아니라 문화 현상이 너무도 다양하기 때문이다.

우리의 주거양식이 움집에서 한옥을 거쳐 아파트에 이른 것처럼 한국문화는 다양한 문화현상들이 지층을 형성한다.

(4) 한국문화의 전파

한국의 전통사회와 현대사회의 문화 전파 과정은 많은 차이가 나타난
다. 특히 문화전파의 대상국, 전파의 방법, 전파의 속도에서 그렇다. 과거

한국 전통사회는 중국을 통해 타 문화와 접촉하였다. 반면 개화기를 거쳐 근대, 현대사회로 접어들면서 그 대상국이 중국에서 일본이나 미국으로 변했다. 또한 과거의 문화전파는 대부분 서적을 통해 이루어졌는데, 인쇄술이 발달하지 못했던 시기였던 만큼 이를 쉽게 접할 수 있는 양반, 귀족계층이 문화 향유층이었다. 따라서 전통사회의 문화전파는 양반계층에서 일반 서민계층으로 흘러갈 수밖에 없었다. 반면 오늘날은 각종 대중매체와 과학, 통신기기로 인해 어느 누구 할 것 없이 동시다발적으로 전 세계의 문화와 접속할 수 있게 되었다.

제3장

온돌에 누워
밥과 김치를 생각

1.
한국인의 식문화

한국인의 식문화를 대표하는 것에는 한정식, 비빔밥과 다양한 탕음식이 있다. 이들 음식은 모두가 하나인 한국인의 전통적인 생활환경의 모습을 지닌다. 불고기, 갈비 역시 양념과 재료가 하나로 어우러져 맛을 낸다. 한국인의 난식문화는 온기를 보존하기 위한 여러 음식 도구를 개발하게 되었고, 건강을 고려한 다양한 음식을 만들어 내는 삶의 지혜가 녹아 있다.

한국인의 식문화에는 건강을 생각하는 삶의 지혜와 독창성이 녹아 있다.

(1) 밥을 통해 본 한국 문화적 요소

한국인의 주식은 밥이다. 보통 국이나 찌개 그리고 김치, 나물 등의 기본적인 밑반찬을 곁들인다. 농경문화의 벼농사와 직접적 관련을 맺고 있으며, 이러한 문화 양상은 한국어에 '쌀'과 관련한 다양한 용어가 나타난다는 점에서 확인할 수 있다. 최근에는 건강을 생각해 현미, 보리, 콩 등 여러 가지 영양가 있는 곡식을 넣은 잡곡밥을 먹기도 하며, 인삼, 밤, 대추 등을 넣은 영양 돌솥밥 등도 인기이다.

알·아·보·기

'쌀'은 농경문화의 상징물로, '이천' 지역은 한국의 대표적 쌀 생산지이다. 이 곳에서 매년 '쌀'과 관련한 문화축제의 장을 개최하고 있는데, 이에 대해 알아보자.

① '쌀'과 관련한 용어	
② 이천쌀문화축제 개요	쌀은 한반도 남쪽 전역에서 생산되었지만 특히 경기도 이천 지역에서 생산된 쌀은 임금님의 진상품이었을 정도로 우수하였다. 현재 이 지역에서는 이를 기념하는 행사로 매년 가을 추수기 한 주의 목요일-일요일까지 이천 설봉공원에서 쌀문화축제를 개최하고 있다. 이 축제는 정부의 도움을 받아 치러지는 것으로 특히 외국인들의 참여가 높다.

〈이천쌀문화축제〉

　그러나 외국과 외국 사람에게 알려진 대표적인 음식은 비빔밥일 것이다. 비빔밥은 '비비다'라는 동사의 명사형 '비빔'에 명사'밥'이 결합한 단어로, 넓은 그릇에 밥과 여러 가지 나물, 소고기, 달걀을 넣어 고추장으로 간을 맞추어 비벼 먹는 음식이다. 이 음식으로 유명한 곳은 전라북도 전주로, '전주비빔밥'이라고도 한다. 한국인의 기본 밥상인 한정식이나 비빔밥의 공통점은 밥과 다양한 음식 재료들이 각각의 맛을 내는 것이 아니라 이 모든 것이 하나로 어우러진 것이다. 즉 공동체적 삶의 양상이 음식 문화에도 적용되고 있다.

(2) 국과 탕을 통해 본 한국 문화적 요소

한국의 전통적인 밥상은 밥, 반찬과 함께 국이나 찌개 등이 올라온다. 한국인들은 추운 겨울철은 말할 것도 없고, 더운 여름철에도 뜨거운 국을 마시며 "아, 시원하다."는 만족감을 표현하곤 했다. 더운 여름에도 찬 것보다는 뜨거운 것을 좋아했던 한국인의 음식문화는 난식문화라 할 수 있다.

알·아·보·기

음식에 나타나는 한국적 특징은 '난식문화'다. 그렇다면 한국인들은 음식의 온기를 보존하기 위한 어떤 삶의 지혜를 지니고 있었을까?

① 밥그릇	
② 국, 탕그릇	밥뚜껑과 함께 난식문화의 특징이 가장 잘 드러나는 것이 바로 □□□ 이다. 쉽게 열이 사라지지 않는 흙을 빚어 구웠고, 그릇의 밑을 깊숙이 파서 바깥으로 온기를 잘 뺏기지 않는다.

한국인이 즐기는 국은 미역국, 콩나물국, 된장국, 해장국 등이 있다. 미역국은 생일날 아침에 먹으며, 콩나물국과 북어국 그리고 해장국은 술 마신 다음날 속이 불편할 때 먹으면 좋다. 대표적 찌개로는 '된장찌개, 김치찌개' 등이 있다.

알·아·보·기

요즘 특정한 날짜와 특정한 먹을거리를 연결시키는 문화현상이 많다. 어떤 것들이 있는지 조사해보자. 그리고 각 나라별 생일 음식과 시험이나 면접일 같이 특정한 날에 삼갈 음식들이 있는데, 이에 대해 알아보자.

① 특정한 날의 먹을거리	
② 생일과 관련한 먹을거리 시험과 관련한 먹을거리	
③ 특정한 날에 삼가할 음식	

한국 음식에는 유난히 설렁탕, 갈비탕, 곰국과 같이 고기와 뼈를 푹 고아서 우려낸 국물에 밥을 말아먹는 음식인 탕류가 많다. 돼지 등뼈와 감자를 재료로 만드는 감자탕, 각종 해산물로 만든 해물탕 등도 즐겨 먹는다. 이 밖에 더운 여름에는 먹으면 힘이 난다고 하여 건강식으로 삼계탕과 추어탕을 먹는다.

① 언제	더운 여름철의 어느 특정한 날로, 무더운 여름의 시작과 끝이다.
② 종류	
③ 음식	복날이 되면 사람들은 더위에 지쳐 입맛도 없고 일할 의욕도 생기지 않는다. 그래서 예전부터 한국 사람들은 이날 힘을 생기게 하는 건강식을 먹었다. 그것이 오늘날까지 이어져 몸을 보신한다는 여러 종류의 탕 중 하나를 먹는다. 개고기를 비롯해 추어탕 그리고 가장 보편화되어 있는 삼계탕이 있다.

한국인의 국과 탕은 밥과 따로 먹기도 하지만 같이 말아서 먹는 경우가 많다. 심지어는 미리 국과 탕에 밥을 넣어 요리해 나오는 음식 또한 많은데, 이 역시 한정식과 비빔밥에서 볼 수 있는 양상과 일치한다.

(3) 김치, 장류를 통해 본 한국 문화적 요소

한국인의 밥상에서 빼놓을 수 없는 것이 김치로, 한국을 대표하는 음식 중 하나이다. 김치는 배추나 무 등을 소금에 절인 다음 고춧가루와 젓갈 등으로 양념하여 발효시킨 음식으로, 재료와 만드는 방법에 따라 그 종류가 다양하다. 배추김치, 깍두기, 총각김치, 열무김치, 갓김치, 백김치, 파김치, 오이소박이, 동치미, 물김치 등이 있다.

김치의 어원

☐☐(沈菜:'채소를 소금에 담근다'의 의미) → 팀채 → 딤채

→ ☐☐(구개음화) → 김채(구개음화의 역현상) → ☐☐

알·아·보·기

'겨울의 반 양식'이라는 김치를 겨울철에도 먹을 수 있도록 한국인은 독특한 저장 방식을 개발하였다. 이에 대해 알아보자.

① 명칭	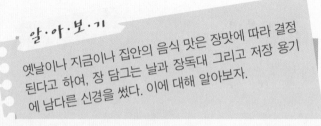 〈김장〉
② 시기	입동 전후의 늦가을
③ 효능	
④ 저장	김치 광을 따로 두어 김칫독을 묻고 짚방석으로 덮는다.

　한편, 음식의 맛을 내기 위해서 여러 가지 재료가 들어가는데, 그 중 '장'은 우리 음식 맛의 일등공신에 해당한다. '된장, 고추장, 간장'이 그것인데, 이들은 김치나 치즈와 같이 발효음식이라는 공통성을 지니고 있다. 발효는 곰팡이나 세균 등이 탄수화물, 단백질을 분해하는 과정을 나타낸다. 그리고 부패와 달리 발효 음식은 우리 몸에 유용한 물질을 만든다.

알·아·보·기
옛날이나 지금이나 집안의 음식 맛은 장맛에 따라 결정된다고 하여, 장 담그는 날과 장독대 그리고 저장 용기에 남다른 신경을 썼다. 이에 대해 알아보자.

① 장 담그는 날	
② 장독대의 모습	장을 담근 후, 장독대에 금줄을 쳐 보호하기까지 했다.
③ 장 저장 용기	

(4) 후식을 통해 본 한국 문화적 요소

요즘은 식사 후 전통차를 마시는 모습보다 커피 마시는 모습을 흔히 볼 수 있다. 한국인의 대표적인 전통차는 인삼차와 대추차처럼 건강을 위한 것이 많다. 유자차와 생강차, 쌍화차는 감기에 좋으며, 오미자차는 목에, 매실차는 소화에, 모과차는 체했을 때나 기관지가 좋지 않을 때 즐겨 마신다. 이와 함께 식혜와 수정과를 음료수로 즐겼다. 한편 커피와 쿠키가 조화를 이루듯 한국의 전통차, 음료와 어울리는 음식에는 '떡'이 있다. 쌀을 주재료로 해서 만든 떡은 예부터 한국인이 즐겨 먹던 간식 중의 하나이며, 명절이나 각종 잔치에 빠져서는 안 될 음식이다. 그만큼 한국인의 언어생활과도 밀접한 관련을 가지고 있다.

알·아·보·기

한국인은 명절이나 의례에서 뿐만 아니라 평상시에 즐겨 먹는 음식 중에 '떡'이 있다. '떡'과 관련한 속담을 찾아보고, 그 속에 녹아 있는 떡의 문화적 양상에 대해 알아보자.

	'떡'은 한민족에게 매우 중요한 것으로 그 자체로 한국문화이다. 우리 속담의 여러 표현으로 나타난다는 것은 한국인의 생활과 밀접한 관련을 지니고 있다 할 것이다.
① 속담	• 예 :
② 상징	

이 밖에 한국을 대표하는 불고기와 갈비 역시 비빔밥, 탕 문화와 동일하게 온갖 양념을 한 곳에 버무리고 이를 일정 시간 숙성시켜야 조화된 맛을 낸다. 서양의 바비큐가 재료만을 요리하여 각종 소스에 찍어 먹는 형태임을 생각하면 그 차이가 확연히 드러난다.

2.
한국인의 주거문화

한반도에 인류가 출현한 것은 지금으로부터 약 70만 년 전의 일이다. 그들은 아직 농사짓는 기술이 없어 사냥과 채집생활을 하면서 여기저기를 옮겨 다녀야 했다. 주로 동굴에서 살았으며 큰 바위 밑이나 그늘 아래 간단한 움막을 짓기도 했다. 그러나 농사를 짓기 시작하면서 떠돌이 생활을 벗어나 정착 생활을 하게 되었다. 따라서 한 곳에 오래 머물 수 있도록 튼튼한 움집을 지었다.

(1) 삼국시대 이후 조선시대

시간이 흐르면서 한반도는 사계절이 뚜렷하고, 기온과 강수량이 생활하기에 적합하여 주거 문화가 발달하였다. 고구려, 백제, 신라의 삼국시대에

는 초가집을 주축으로 기와집을 지어 생활하였으며, 이후 통일 신라와 고
려 시대를 거치면서 점차 기와 사용이 보편화되었다. 초가집은 갈대나 볏
짚으로 지붕을 올린 일반 백성들의 집이었으며, 기와집은 기와로 지붕을
올린 양반들의 집이다. 모두 한국의 전형적인 전통가옥이었다. 이 중 기와
집은 한옥이라 부르며, 여름의 더위와 겨울의 추위를 이겨내기 위한 독특
한 건축 양식으로 여름에는 시원하며 겨울에는 따뜻하게 생활하는 지혜
가 숨겨져 있다.

초가집과 기와집은 한반도의 자연환경에 적합한 한국의 전통가옥이다.

알·아·보·기

한국인의 한옥에는 어떠한 삶의 지혜가 숨어 있을까
요? □ 안에 들어갈 한옥의 특징적 구조에 대해 알아
보자.

① □□과 □□	한국의 전통 가옥이나 찜질방을 이야기할 때 빼놓을 수 없는 것이 바로 □□ 이다. 이것은 추운 겨울 방을 따뜻하게 하는 한국만의 전통 난방 장치로, '구들'이라고도 부른다. 한편, 추운 겨울과 달리 덥고 비가 자주 내려 습기가 많은 여름을 건강하게 지내기 위해서 바닥은 시원한 나무로 된 □□ 을/를 깔아 생활하였다.
② □□ 문화	①은 한국인들이 □□ 생활에 익숙하게 된 원인이 되었다. 방바닥에 앉아서 생활을 하다 보니 서양처럼 침대나 의자 등이 발달하지 못했고, 집에 방문한 손님들을 위해서는 방석으로 □□ 의 불편함을 다소간 해소하려 했다. 복식도 □□ 생활에 편리하도록 품이 넉넉하게 발전하였다.

한국인들은 한반도의 기후 조건에 따라 다양한 구조의 가옥을 지었다. 추운 북부 지역은 'ㅁ'자 형태의 가옥 형태를 보이며, 따뜻한 남부 지역은

'ㅡ'자형을, 그리고 그 중간 지역인 중부 지역에서는 'ㄷ'자나 'ㄴ'자 그리고 'ㄱ'자형을 나타낸다. 이러한 가옥의 구조 역시 한 가구 한 가구가 모여 조화를 이루는 한국인의 공동체적 공간과 일치한다. 한편 지역에 따른 구조적인 차이에도 불구하고 한국의 가옥들은 공통적으로 남쪽을 향하게 지었는데, 이를 '남향집'이라고 한다. 지금도 이는 집을 사거나 얻을 때 중요하게 생각하는 부분이다. 전통적으로 한국인들이 '남향'을 선호하는 것은 남향으로 지은 집이 겨울에 햇볕이 잘 들어 따뜻하며, 여름에는 그늘이 오랫동안 유지되어 바람이 잘 통하는 자연의 지혜를 생활 속에 활용했기 때문이다.

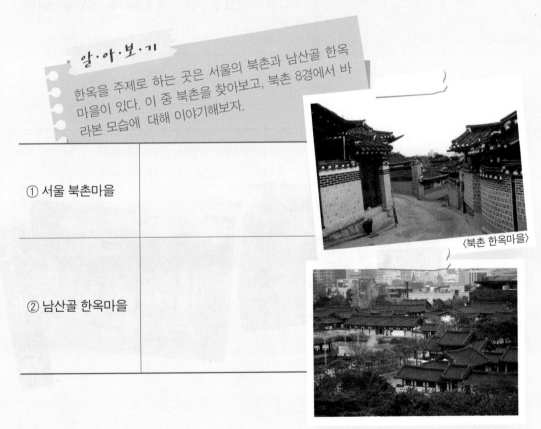

알·아·보·기

한옥을 주제로 하는 곳은 서울의 북촌과 남산골 한옥 마을이 있다. 이 중 북촌을 찾아보고, 북촌 8경에서 바라본 모습에 대해 이야기해보자.

① 서울 북촌마을	
② 남산골 한옥마을	

〈북촌 한옥마을〉

서울특별시 성북구 성북동 222-1, 222-2번지의 집에 대해서 알고 있습니까? 누구의 집이었을까요? 이 집의 독특한 특징에 대해 알아보자.

① 역사적 인물	
② 가옥의 명칭	심우장(선종(禪宗)의 '깨달음'의 경지에 이르는 과정을 잃어버린 소를 찾는 것에 비유한 열 가지 수행 단계중 하나인 '자기의 본성인 소를 찾는다'는 심우(尋牛)에서 유래함)
③ 가옥의 특징	

(2) 개항 이후의 주거 양식

전통적인 한옥의 주거 양식에 변화를 가져오게 된 계기는 외래문화와
의 전파와 접변이다. 그리하여 한국적 주거양식을 중심으로 서양식과 일
본식 주거양식이 부분적으로 지어지게 되었다. 1945년 해방 이후 남·북간
의 갈등과 전쟁으로 이어지고 여러 우방국가의 원조 등으로 자연스럽게
외래문화가 도입되는 과정에서 서양식의 편리한 기능을 추구한 입식 위주
의 주거 양식이 도입되었다. 한국의 60~70년대는 초고속 경제발전의 밑거
름이 되었던 시기로, 정부의 지속적인 산업화와 도시화의 정책으로 전국
의 땅값이 상승하였다. 이에 좁은 땅에 집을 많이 지을 수 있는 아파트라
는 주거양식이 도입되었으며, 1962년 최초의 아파트인 마포아파트가 건설
되었다. 이후 아파트는 현대인의 대표적인 주거양식이 되었다. 특히 땅이
좁은 한국의 지형적 특성상 아파트 형태의 연립주택, 빌라와 같은 집합 주
거형태가 많이 건설되었다. 마지막으로 80~90년대는 전통적인 대가족 사
회가 점차 핵가족화 되면서 가구 수가 증가했으며, 인구의 도시 집중화
현상이 더욱 가속화되었다. 이로 인한 주택 부족 현상을 해결하기 위해
아파트의 고층화가 나타나기 시작하였다.

외래문화와의 전파와 접변으로 인해 주거양식에 변화가 생겼다.

(3) 현대 주거양식의 특징

산업화, 도시화를 거치면서 다양화된 사회구조는 주택에 대한 사람들의 사고 역시 다양하게 만들었다. 즉 한국인들의 집에 대한 개념은 세 가지로 나타난다. 첫째, 가족의 행복한 보금자리로서의 공간, 둘째, 오직 재산증식 수단으로서의 공간, 그리고 마지막은 보금자리이면서 동시에 재산증식의 수단으로 보는 것이다. 첫째는 월세나 전세방에서 벗어나 집에 대한 걱정 없이 살고자 하는 가정의 바람이다. 셋째는 자기 집을 마련한 후 부동산 시장의 상승에 의해 가격이 올라가는 경우이다. 그러나 이 경우도 현재보다 좀 더 큰 집으로 옮겨야겠다는 생각을 한다. 둘째 경우가 한국의 부동산 시장을 왜곡시키는 주범 중의 하나이다. 주택을 오직 재산 증식의 목적으로만 생각하여 한 사람이 적게는 두 채 많게는 여러 채를 소유하고 있다. 이렇게 수요에 비해 공급이 부족해지면 부동산 가격은 상승하고 이는 결국 어렵게 모은 돈으로 내 집을 마련하려는 많은 사람들에게 상처를 주게 된다.

현재 한국의 주택보급률은 2002년부터 100%를 넘고 있음에도 불구하고 내 집을 가지지 못한 가구가 전체 가구의 46%에 해당한다고 한다. 주택보급률이 100%라고만 가정하더라고 전체 가구가 모두 자기 집을 갖고 있어야 한다는 단순 논리가 성립하는 것이다. 아파트나 부동산이 황금알을 낳는 닭으로 생각하는 소수의 돈 있는 사람들의 의식 전환이 필요하다. 정부도 다양한 부동산 정책들을 통해 부동산 가격의 안정은 물론 집이 없는 무주택자 또는 갓 결혼하는 신혼부부들이 집장만 걱정을 덜 수 있는 방안을 모색해야 한다.

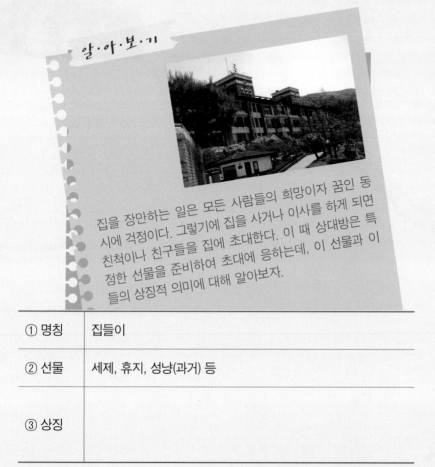

알·아·보·기

집을 장만하는 일은 모든 사람들의 희망이자 꿈인 동시에 걱정이다. 그렇기에 집을 사거나 이사를 하게 되면 친척이나 친구들을 집에 초대한다. 이 때 상대방은 특정한 선물을 준비하여 초대에 응하는데, 이 선물과 이들의 상징적 의미에 대해 알아보자.

① 명칭	집들이
② 선물	세제, 휴지, 성냥(과거) 등
③ 상징	

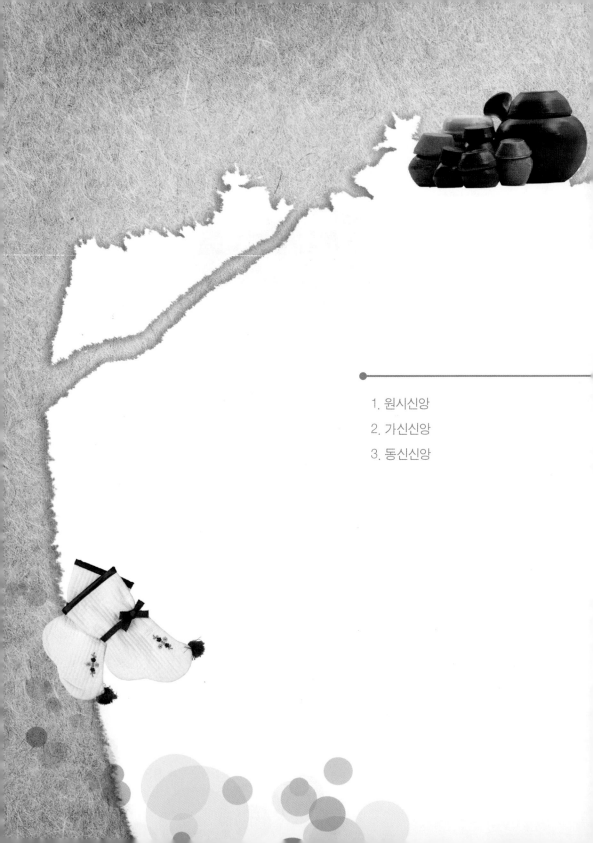

제4장

신과 함께 생활하는 한국인

1. 원시신앙

한국인은 오랜 옛날부터 고유의 원시신앙을 근간으로 외래 종교를 받아들여 왔다. 가장 오래된 한국의 원시 종교는 건국신화를 통해 확인할 수 있다.

알·아·보·기

한국의 건국신화에 대해 알아보자.

① 신화명	
② 시 기	B.C. 2333년

③ 내 용

첫째, 한국과 한국인의 뿌리를 나타내는 이 이야기의 속 주인공, 즉 단군은 하늘에서 내려온 환웅의 아들이었다. 이는 당시의 경천사상 또는 천신신앙을 나타낸다.

둘째, 환인과 환웅으로 대표되는 신의 세계와 단군, 곰(웅녀)으로 대표되는 인간 세계를 연결하는 주술사 기능의 샤머니즘이 형성되었다.

셋째, 모든 만물에 영혼이 존재한다고 믿는 애니미즘, 특히 이야기 속의 곰과 호랑이로 대표되는 동물을 숭배하는 토테미즘 등이 나타난다.

넷째, 환웅이 무리 삼천을 거느리고 정착한 곳이 태백산(오늘날 백두산)

꼭대기에 있는 신단수 아래였다. 이처럼 천자(天子)는 높은 산에 강림하여 산신과 연결되는 점에서 산악(산신) 숭배 사상도 나타난다.

⟨태백산 천신제 1⟩　　　　　　　　　　⟨태백산 천신제 2⟩

한국의 원시신앙은 '제천의식'이라는 일정한 형식을 갖는다.

(1) 제천의식과 무속신앙

건국신화에 나타나는 한국의 원시 신앙은 이후 일정한 형식으로 나타나는데, 이것이 바로 제천의식이다. 이는 하늘에 제사를 지내는 것이다. 당시 농경문화의 생활에서 인간의 삶을 위협했던 것은 아마도 자연재해였을 것이다. 그리고 당시 사람들은 그것은 천신의 영향 하에 있었다고 생각해 농사의 풍요를 기원하고 추수 감사의 표현으로 실현된 것이다. 하늘의 신에 대한 존경과 경외의 표현은 마을 사람들이 모여 술을 마시며 가무로 구체화되었다. 이러한 의례를 통해 마침내 신과 인간 그리고 자연이 하나가 될 수 있다고 믿었다.

한국의 제천행사(나라별로 불린 다양한 명칭)에 대해 알아보자.

① 부 여 • 영고

② 고구려 •

③ 동 예 • 무천

④ 삼 한 •

⑤ 고 려 • 팔관회

이러한 원신신앙으로서의 제천의식은 오늘날에도 단오와 10월 상달의 풍습, 최대 명절이라고 하는 한가위의 추석 등으로 이어지고 있다.

※ 단오는 농경사회에서 파종을 하고 모를 심은 뒤 약간의 휴식기(음력 5월 5일)에 행하는 행사. 10월 상달은 역시 농경사회에서 길일을 택해 한 해의 추수와 가내의 안녕을 기원하기 위해, 가신에게 고사를 지내는 행사. 추석은 한국의 4대 명절(설날, 한식, 단오, 추석)의 하나로, 음력 8월 15일에 지내는 추수감사제의 성격을 지닌다.

한국인에게 있어 무속은 일상적인 삶이자 종교 그 자체였다. 외래 종교로서 불교와 유교, 도교 등이 들어와서도 무속신앙을 완전히 제압해 본 일이 없었다. 오히려 불교는 한국에 수용되는 과정에서 한국적 재래의 신앙을 수용하면서 발전할 수 있었다.

알·아·보·기

사찰의 여러 전각 중 토착신을 모시는 전각이 있다. 이를 무엇이라 하며, 그 이칭과 사찰에 있는 이유에 대해 알아보자.

① 이칭	
② 이유	

    한국의 무속신앙은 원시종교의 샤머니즘에 그 기원을 두고 있다. 샤먼, 즉 무속(巫俗)이란 무당의 풍속을 의미하는 것으로, 여기에서 '무(巫)'란 하늘과 땅 또는 신과 인간의 결합을 상징한다.

    한국의 무의 기원은 앞에서 살핀 바처럼 고대국가의 제천행사에까지 거슬러 올라가며, 인간과 신을 연결하는 사제로서의 '무당'은 당시 절대 권력을 행사했을 것이다. 신의 사제는 정치 국가인 삼국시대에도 그 영향력이 컸으며, 고려의 기우제(祈雨祭), 사은제(謝恩祭), 성황제(城隍祭) 등의 행사에도 참여하였다. 조선시대에는 그 수가 더 많아져 개인이나 가정뿐만이 아니라 궁중이나 국가의 중요한 행사에도 무당이 사제자, 예언자로서의 역할을 담당하였다.

제4장 신과 함께 생활하는 한국인 **91**

신라시대의 왕명 중에는 '무당'과 관련된 것이 있다. 그 의미와 이것이 의미하는 당시 사회의 모습에 대해 알아 보자.

차차웅(次次雄)	
① 의 미	『삼국사기』와 『삼국유사』에 의하면,
② 사회상	

(2) 현대인의 무속적 삶

지금도 무속적 사고는 한국인 의식구조의 밑바탕에 깔려있다. 중요한 일에 앞두고 고사(告祀)를 지낸다거나 앞날의 길흉(吉凶)을 점치고 사주 팔자(四柱八字)나 궁합(宮合)을 본다든지 이사나 결혼 날짜에 길일(吉日)을 정해 행하는 것도 전통적인 무속적 사고방식에서 나오는 것이다.

무속의 종교행위는 '굿'이라는 의식을 통해 나타나는데, 이 굿을 행함으로 사람들은 무아지경(無我地境)에 들어가고 시간과 공간을 넘어 신과 인간이 하나가 되면서 신에게 인간의 일을 호소하고 그의 뜻과 약속을 들을 수 있다고 한다. 따라서 민간에서는 질병이나 재앙이 발생하면 무당에게 의지하여 고사나 굿을 하였다. 또는 '10월 상달'에 지내는 가신제에 무당을 불러 굿을 하기도 하였다. 그러나 마을 공동체의 제의에서도 굿이 널리 이용되었다.

알·아·보·기

'굿'은 옛날처럼 가정집에서 하기는 힘들다. 그래서 이를 전문으로 하는 곳이 있는데, 다음에 대해 알아보자.

① 국사당	• 위치 : 인왕산(선바위역) • 특징 :
② 부군당	• 위치 : 서울시 마포구 창전동 28 • 특징 :
③ 금성당	• 위치 : 서울시 은평구 진관동 175-836 • 특징 :

그러나 1960년대까지만 하더라도 전국 각지에 있었던 굿당들은 조국근대화 사업 및 미신 퇴치 운동으로 사라지는 운명을 맞게 되었다.

※ 부군신은 달리 부군할아버지·부군할머니로 불리며, 당신(堂神)이자 마을 수호신인 동신(洞神)에게 마을의 안녕과 번영을 기원하는 굿이다. 부군은 원래 한(漢)의 태수(太守) 칭호이고, 부군당은 옛날 관청에 두던 사당의 이름이다. 부군신은 서울에서만 보이는 독특한 동신이다.

2.
가신신앙

한국의 가신신앙은 집안을 관장하는 신을 숭배하는 신앙이다. 우리는
집안 구석구석을 담당하고 있는 여러 신이 있다고 믿어왔다. 그러한 신들
에 대한 숭배로 건물의 기능을 보호하는 동시에, 그 공간에 거주하는 가
족의 행복을 기원한다.

(1) 가신신앙의 종류

조상신(祖上神)　한국인은 돌아가신 조상이 신이 되어 자손을 보호해
준다는 믿음을 갖고 있다. 전통적으로 안방에 '제석오가리'(전남)·'조상단
지'(전북·경남)·'세존단지'(경북)·'제석주머니'(서울·경기)·'조상님'(충남)의 명
칭에서 보듯 '단지·항아리·주머니' 등의 형태로 모셔진다.

왜 어른들은 문지방에 앉거나 밟지 말라고 하셨는지 알
아보자.

① 민속학적 의미	
② 건축학적 의미	옛날 집들의 건축 재료는 나무와 흙이었다. 문은 그러한 재료들 사이에 놓이는데 지금의 콘크리트처럼 견고하지 않아 문지방을 밟게 되면 집의 구조에 영향을 미칠 수 있었다.

삼신할머니   삼신할머니는 다른 가신과 달리 집안에 영주하지 않고 출산이 있으면 집에 들어와 해산을 돕는다. 그리고 아이가 15세 정도 되면 집을 떠나는 신이다. 즉 출산 및 육아에 관련된 집안신인 것이다. 삼신 할매, 삼신 바가지, 산신(産神)이라고도 한다.

성주(城主)   집을 지키고 보호하는 가신으로 상량신(上樑神), 성조(成造)라고도 하며, 가신 중에서 가장 상위의 신이다. 기원하는 내용은 가내평

안·풍년·감사·부귀·번영·무병·장수 등 복합적이다. 신체는 한지를 접어 대들보에 묶거나 독이나 항아리에 쌀을 넣어 대청마루 한 편에 놓는 경우가 있다.

조왕신(竈王神)　부엌을 관장하는 가신을 조왕신이라 한다. 부엌은 여자의 활동 영역이기 때문에 주부를 지켜주는 신이라고도 하고, 불을 사용하는 곳이라 화신(火神)이라고도 한다. 이 외 조왕각시·조왕대신·부뚜막신이라고도 한다.

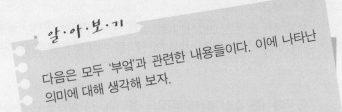

알·아·보·기

다음은 모두 '부엌'과 관련한 내용들이다. 이에 나타난 의미에 대해 생각해 보자.

① "이리 오너라. 이리 오너라. 게 아무도 없느냐?"하며 큰소리로 불러 대니 경황없는 춘향 모 월매가 "얘 향단아! 너희 아씨가 죽게 되니 집안의 성주·조왕님이 모두 발동하여 이리 시끄러운 모양이다. 어서 좀 나가 보아라"
② 안방 가면 시어머니 말이 맞고 부엌 가면 며느리 말이 옳다.
③ 부엌 강아지는 살쪘어도 맛이 없다.

①의 의미	
②의 의미	성주신은 큰방에 있고 조왕신은 부엌에 있음을 나타내는 속담
③의 의미	

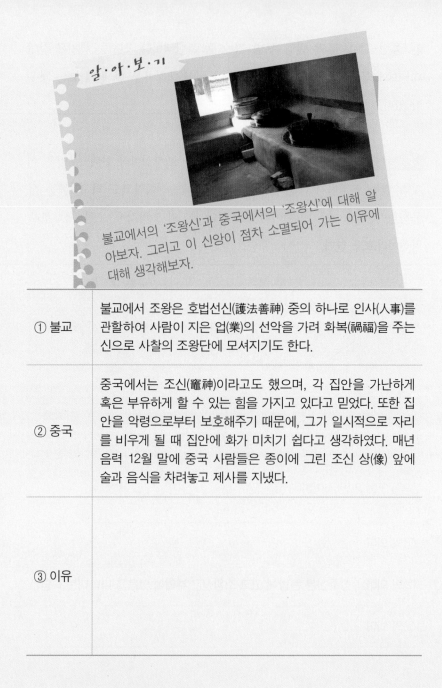

알·아·보·기

불교에서의 '조왕신'과 중국에서의 '조왕신'에 대해 알아보자. 그리고 이 신앙이 점차 소멸되어 가는 이유에 대해 생각해보자.

① 불교	불교에서 조왕은 호법선신(護法善神) 중의 하나로 인사(人事)를 관할하여 사람이 지은 업(業)의 선악을 가려 화복(禍福)을 주는 신으로 사찰의 조왕단에 모셔지기도 한다.
② 중국	중국에서는 조신(竈神)이라고도 했으며, 각 집안을 가난하게 혹은 부유하게 할 수 있는 힘을 가지고 있다고 믿었다. 또한 집안을 악령으로부터 보호해주기 때문에, 그가 일시적으로 자리를 비우게 될 때 집안에 화가 미치기 쉽다고 생각하였다. 매년 음력 12월 말에 중국 사람들은 종이에 그린 조신 상(像) 앞에 술과 음식을 차려놓고 제사를 지냈다.
③ 이유	

터주 터주는 집터를 지키는 집안 신으로 흔히 집 뒤껼 장독대 위나 장독대 옆에 모셔져 있다. 신체는 단지에 쌀이나 천을 놓고 봉한 후 그 위에 짚가리를 세워 만든 것이다. 성주가 집안의 어른이라면 터주는 땅의 신으로 집안의 액운을 걷어주고 집터를 맡아서 재복(財福)을 주는 기능을 한다.

업 가신 중 재운을 관장하는 신이다. 신체는 뱀이나 족제비가 보편적이고, 두꺼비·사람도 업으로 모시는 경우가 있다. 곳간 안 단지의 쌀, 장작더미 속에 업이 깃든다고 믿는다. 업이 나가면 좋지 않다는 속신이 있다.

각시 변소에는 변소각시·뒷간신이라 불리는 젊은 신이 있다. 변소의 신은 젊기 때문에 변덕스러운 성격을 갖고 있으며 화장을 즐긴다. 이러한 각시신이 있기에 변소에 들어갈 때 헛기침을 하여 미리 알리지 않으면 각시가 신경질을 부려 변소에 들어온 사람을 급살시킬 수도 있다고 믿었다.

집안 구석구석을 담당하는 신들이 있다고 믿었다.
(左: 보충 설명 1 / 右:보충 설명 2 참고)

옛날 남 선비와 여산 부인이 만나 부부가 되었다. 집안은 가난한데 아들이 일곱이나 되어 먹고 살기가 힘 들자 남 선비는 배를 마련해 무곡(貿穀) 장사를 떠났다. 오동나라에 도착한 남 선비는 간악하기로 소문난 노일제대귀일의 딸에게 홀려 가진 것을 모두 잃고 거지꼴로 그녀에게 얹혀 지내게 되었다. 남편에게서 소식이 없자 여산 부인은 남편을 찾아다니다가 어렵게 만났으나, 남 선비는 눈까지 멀어 있었다. 그는 부인이 쌀밥을 지어주자 부인이 찾아온 것을 알고 기뻐하며 그간의 회포를 풀었다. 본처가 온 것을 안 노일제대귀일의 딸은 여산 부인을 물속에 밀어 넣어 죽인 뒤 "노일제대귀일의 딸이 행실이 괘씸해 죽였다"며 자신이 여산 부인으로 행세했다. 눈이 보이지 않는 남 선비는 그 말을 곧이듣고 고향으로 돌아가자고 했다.

그녀를 본 7형제는 자신들의 어머니가 아님을 눈치 챘다. 그러자 계모는 아들들을 모두 죽여 버리기 위해 병이 난 체하며 자신의 병은 아들들의 간을 먹어야 낫는다고 했다. 아버지가 칼을 갈러 나오자 똑똑한 막내아들은 자기가 형들의 간을 내오겠다며 형들과 함께 산에 올라갔다. 지쳐서 잠이 들었는데 여산 부인이 꿈에 나타나 노루의 간을 내가라고 했다. 깨어보니 정말로 노루새끼들이 내려오고 있었으므로 6마리를 잡아 간을 가지고 갔더니 계모는 먹는 체하며 간을 자리 밑에 숨겼다. 문틈으로 엿보던 막내아들이 들어가 자리를 걷어치우자 형들도 달려 들어왔다. 모든 것이 드러나자 계모는 측간으로 도망가서 목을 매고 죽어 측간신이 되고, 남 선비는 달아나다 대문에 걸려 있는 굵은 막대기에 걸려 죽어 주목지신이 되었다. 형제는 서천꽃밭에서 환생 꽃을 얻어다 죽은 어머니를 살려 부엌을 지키는 조왕신으로 삼았다. 그리고 각자의 직분에 따라 신이 되었는데 첫째는 동방청대장군, 둘째는 서방백대장군, 셋째는 남방적대장군, 넷째는 북방흑대장군, 다섯째는 중앙황대장군, 여섯째는 뒷문전(뒷문의 신), 막내는 일문전(앞문의 신)이 되었다.

• 『한국민족문화대백과사전』

이는 제주도 『문전(門前)본풀이』의 내용으로, 한 집안의 여러 신을 가족 구성원으로 그리고 있다. 문전신은 남편이고, 조왕은 본처이며, 변소각시는 첩의 관계이다. 흥미로운 것은 부엌신인 조왕과 변소신인 각시와의 관계이다. 흔히 부엌과 변소는 멀리 떨어져 있을수록 좋다는 인식을 이러한 처첩의 관계로 묘사한 것이 흥미롭다. 또한 이는 식사와 배설의 기능적 대비를 이루고 있다.

대문신 　대문신은 집의 대문을 지키는 신이다. 특별히 대문신이 있다고 믿는 지역은 위에서 보았듯이 제주도 뿐이다. 일반적으로 외부와 내부를 연결하는 대문에는 잡귀를 물리기 위해 호랑이 뼈나 게 등을 걸어 놓았으며, '입춘대길'(立春大吉) 등의 글씨를 써 붙여 복을 청하기도 한다.

대문에 글씨를 써 붙여 대문신에게 복을 청하기도 했다.

(2) 가신신앙의 기능

신앙의 대상이 되는 가신들은 그 역할과 기능에 따라 분류가 가능하다. 안방에 모셔진 조상신과 삼신할머니가 한 부류가 되고, 마루와 부엌에 모셔진 성주와 조왕이 한 부류가 되며, 뒷마당에 모셔진 터주와 업이 한 부류가 되고, 변소와 대문이 한 부류가 된다.

특징(안방 부류 1)	
① 조상신	세상을 떠난 신
② 삼신할머니	생명의 시작과 성장의 신

특징(마루와 부엌 부류 2)	
① 성주신	가장을 위한 신으로, 사회적인 기능을 담당하였다. 가신 중 가장 으뜸 되는 신이다.
② 조왕신	주부를 위한 신으로, 주부는 조왕과 동일시되며 개인적인 소원을 빌 때 성주보다 조왕을 택한다.

특징(뒷마당 부류 3)	
① 터주신	가정 전체를 수호하는 신으로, 가정의 편안과 부를 지켜주는 경제적 기능을 담당하였다.
② 업신	집안의 살림을 늘어나게 하고 복을 지켜주는 재신(財神)으로 터주신과 유사한 기능의 신이다.

특징(대문과 변소 부류 4)	
① 대문신	안채에서 먼 위치에 있으며 안채와 가족을 보호하는 기능을 담당하였다.
② 각시신	변소는 배설의 기능, 대문은 출입의 기능으로 대비된다.

가신들은 기능에서 뿐만 아니라 그 성별에 있어서도 차이가 나타난다. 공통적 기능을 지니는 신끼리 비교하면 아래와 같다.

	(1)		(2)		(3)		(4)	
	조상	삼신	성주	조왕	터주	업	대문	각시
① 남신	●		○		○		○	
② 여신		○		○		○		○

다른 쌍과 대조적으로 조상신과 삼신할머니는 그 성별의 대립 구도가 확연히 나타나지 않는다. 왜냐 하면 조상신은 남과 여가 모두 가능하기 때문이다. 그러나 일반적으로 남성으로 인식되고 있다.

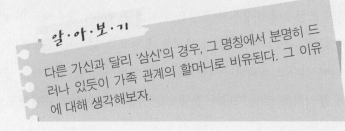

알·아·보·기

다른 가신과 달리 '삼신'의 경우, 그 명칭에서 분명히 드러나 있듯이 가족 관계의 할머니로 비유된다. 그 이유에 대해 생각해보자.

① '삼신'의 대상	아기의 임신 및 출산 그리고 성장
② '할머니'에 대한 한국인의 상징	
③ '삼신할머니'의 연상 의미	

　한 집안의 가신은 가족 구성원들의 안녕과, 집안의 복을 가져다주는 신앙의 대상이었다. 따라서 각 가정의 주부는 시월 달에 특정한 날을 잡아 고사를 지내거나 무당에게 의뢰하여 신들을 잘 모셨다. 한편, 주부가 주관이 되는 가신의례와 대조적으로 가장이 주관이 되는 의례 또한 중요했다. 바로 조상신에 대한 숭배로 이는 유교의 도입으로 제사와 차례라는 생활양식으로 자리 잡게 되었다.

　한국인의 조상숭배 현상에서 조상은 현실에 존재하지 않음에도 불구하고 살아 있는 후손들과 끊임없이 관계를 유지하고 있으며, 후손들이 그 영향력 안에 산다고 생각한다. 다시 말해 조상은 죽음을 맞이하는 순간 가족들과 분리되는 것이 아니라 공동체의 성원으로 여전히 존재하고 있다. 이는 죽은 자의 세계와 산 자의 세계가 단절되지 않고 연결된 것이며, 조상은 살아 있는 후손의 삶에 영향을 미칠 수 있다는 한국적 사고방식에서 나온 것이다.

3.
동신신앙

　동신(洞神)은 마을을 지키는 신이다. 즉 마을 사람들에게 비일상적인 전지전능의 존재로 인식되며, 잡귀와 액, 살, 재앙 등을 막아주는 신앙의 대상이다. 마을 사람들이 매년 일정한 시기를 정해 동신에게 지내는 의례를 동제(洞祭)라 하며, 이러한 행사를 통해 주민간의 심적 유대와 단합을 도모한다.

신목으로 신성시되는 서낭나무도
동신신앙의 하나이다.

(1) 동신의 유형

당신(堂神)　당신은 마을을 수호하며 생업을 관장하는 신으로 지역에 따라 그 명칭이 서로 다르다. 가장 보편적인 명칭은 '산신'이다. 마을의 산에 거주하는 신으로 산 아래 사는 주민들의 풍요와 건강, 행운을 기원하였다. 경기·서울 지역은 도당신이나 부군을 모시고, 경상도·강원도는 서낭신을 모시며, 전라도는 당신이 보편적이다.

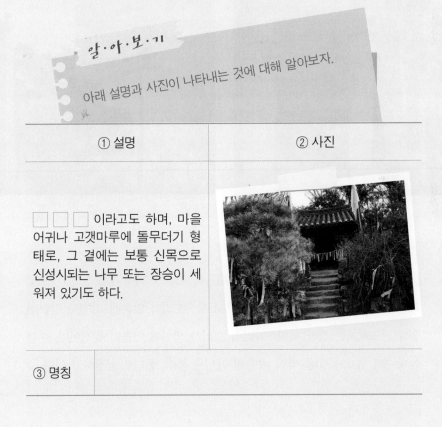

알·아·보·기

아래 설명과 사진이 나타내는 것에 대해 알아보자.

① 설명	② 사진
□□□ 이라고도 하며, 마을 어귀나 고갯마루에 돌무더기 형태로, 그 곁에는 보통 신목으로 신성시되는 나무 또는 장승이 세워져 있기도 하다.	
③ 명칭	

장승   마을 입구에 세워 외부로부터 들어오는 잡귀와 흉액을 막는 신이 장승이다. 흔히 천하대장군·지하여장군으로 남녀 1쌍을 만들어 세운다. 장승은 외부에서 들어오는 흉액을 막아주는 벽사신(辟邪神) 외에도 마을경계 표시 또는 이웃 대도시와의 거리를 알려주는 이정표 등으로 사용된다.

동신 중 하나인 장승 ◀————————————————▶ 동신 중 하나인 솟대

솟대   솟대는 마을 입구에 긴 장대를 세우고 그 위에 새를 앉힌 것으로 장승과 그 기능이 비슷하다. 솟대의 새로는 오리가 많은데, 강원도 강문마을의 진또배기는 장간 위에 3마리의 오리가 세워져 있음이 특징이다. 이는 삼재(수재, 화재, 풍재)를 막아 마을의 안녕과 풍어, 풍년을 상징하고 있다.

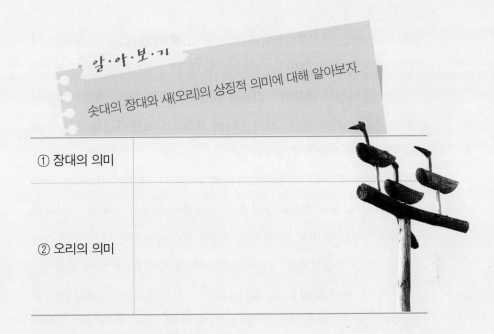

① 장대의 의미	
② 오리의 의미	

알·아·보·기

솟대의 장대와 새(오리)의 상징적 의미에 대해 알아보자.

※ 진또배기는 영동 지역에서 짐대서낭, 진대로 부르는 솟대의 일종이다. 특별
히 박혀 있다는 점을 강조하여 진또배기라고 불렀다는 추정을 할 뿐 정확한
유래는 알지 못한다.(디지털강릉문화대전)

(2) 동제의 발전 및 다양성

동제의 원형은 고대사회의 제천의례이다. 그러나 오늘날과 같은 마을
단위 의례로서의 동제는 고려 말·조선 초 생산력 증대에 따라 자연마을
이 형성되기 시작한 이후부터이다. 그 대표적 예가 전통적으로 사불(祀佛)
행사였던 향도(香徒)조직 및 그 의례의 변화이다. 향도는 본래 고려시대의

거군적(擧郡的)인 사불행사였으나 고려 말·조선 초에 이르러 소규모의 마을단위 조직으로 그 성격이 변화된다. 이 중 매향(埋香) 의례를 이 조직이 수행했다는 사실이 매향비(埋香碑)에 의해 증명되고 있다. 매향의례는 향나무를 묻어 미륵과 만남으로써 새로운 세계의 도래를 희망하는 한편 마을의 안녕을 빌던 일종의 동제였다.

동제는 지역에 따라 다양한 모습으로 나타난다. 명칭만 하더라도 호남지방의 당산제, 영남지방의 동신제, 중부지방의 동부인 강원도의 성황제, 중부지방 서부인 충청도 및 경기도 지방의 산신제, 제주도의 본향당, 그리고 서울지방의 부군당제로 나타난다. 동제의 유형은 고사(제사)·풍물굿·무당굿의 세 종류로 나눌 수 있다. 고사는 밤중에 소수의 제관들만 참여한 가운데 경건하게 이루어지는 신앙형태이다. 풍물굿 유형은 농악대가 주도하는 의례를 말한다. 역시 제관들을 선정하여 의례를 행하지만 농악대가 풍물을 울려 놀이판을 벌인다. 동제가 끝나면 동네 우물과 집집을 돌아다니면서 지신밟기를 한다. 줄다리기나 고싸움으로 풍농과 풍어를 점치고 기원하는 놀이도 이때 행해진다. 무당굿은 무당을 불러와 사제자로 세워 행하는 의례로 그 규모가 가장 크다. 이 3개의 유형은 독립적으로 집행되기도 하고 둘이나 셋이 함께 이루어지기도 하는데, 강릉단오제의 경우 유교식 제례와 풍물, 무당굿이 모두 행해진다. 대개의 마을에서는 고사나 풍물굿으로 동제를 모시고 무당굿을 하는 경우에는 터울을 두어 몇 해에 한 번씩 정기적으로 한다.

강릉단오제에 대해 알아보자.

① 문화적 가치	• 1967년 1월 16일에 '중요무형문화재 13호' • 2005년 11월 25일 　'유네스코 인류구전 및 무형유산 걸작' 등재
② 정의	강릉에서 해마다 □□ 을/를 중심으로 열리는 전통 축제로 지역주민들이 대관령 국사성황과 대관령 국사여성황, 대관령 산신을 모시고 제의를 지낸 후 다채로운 단오명절을 즐기면서 □□□ 의식을 강화한다.
③ 내용	대관령 국사성황, 국사여성황, 대관령 산신을 신앙대상으로 하고 유교식 제례, 무당굿, 탈놀음과 더불어 단오민속과 놀이 및 난장이 어우러진 행사이다. 강릉단오제는 음력 4월 5일 신주 빚기를 시작으로 4월 보름 대관령 국사성황을 모시고 내려오는 행사로 5월 3일부터 7일까지 남대천에서 하는 본격적인 단오제로 구성된다.

〈단오제 1〉

<단오제 2>   <단오제 3>

고대 제천의례에서 유래된 동제는 지역에 따라 다양한 모습으로 나타난다.

　동제의 제당은 나무를 신체로 하거나 신의 강림처로 믿는 곳이 가장 흔
하다. 그러나 신의 강림처가 아무 표지도 없는 산중턱이나 평평한 공간일
때에는 금색(禁色)을 하여 신성한 공간임을 나타낸다. 나무와 함께 제단
을 세운 곳이나 돌무더기를 쌓은 곳 또는 당집을 짓기도 한다. 당집을 짓
는 경우 그 안에 신위를 모시거나 탱화(신상도)를 봉안한다.

　이상으로 동신제는 매년 같은 시기에 같은 의미로 이루어져 해(年)의 순
환에 따른 주기적 제의라는 의미를 갖는다. 그러나 드물게 마을에 전염병
이 돌거나 화재가 자주 나서 마을 전체에 위험이 따를 때 회의를 통해 동
신제를 지내기도 한다. 이러한 주기적인 동제는 기본적으로 산신·농신(農
神)·조상신 등 생산의 풍요나 재액의 방지 및 마을 수호와 관련이 있는
마을신에 대한 제사로, 단순한 제의로만 끝나는 것이 아니라 마을의 결속
을 다지고 생산의 풍요를 기원하는 민중의 중요한 행사였다.

※ 전통적으로 무속신앙·가신신앙·동신신앙은 한국인의 생활과 사고를 지배하게 되었다. 이 바탕 위에 불교, 유교, 도교가 유입되었으며, 천주교와 개신교를 받아들이게 되었다. 외래 종교의 도입과 함께 민족적 의식을 기반으로 하는 천도교와 대종교, 증산교, 원불교 등이 그 뒤를 이었다.

	창시자	설립연도	특징
☐☐☐	손병희	1905	최제우의 '동학'(1860)을 손병희(1905)가 발전시킴. 인내천 사상을 기반으로 한다.
증산교	강일순	1902	동학에서 갈라져 나옴. 여러 종파로 세분화되어, 대표적인 종파는 대순진리회, 증산교 등이 있다.
☐☐☐	나 철	1909	1909년 단군교 → 1910년 대종교. 단군이 교조이다.
원불교	박중빈	1916	한국의 신불교. 일원상(○)의 진리, 불교의 생활화, 대중화를 지향한다.

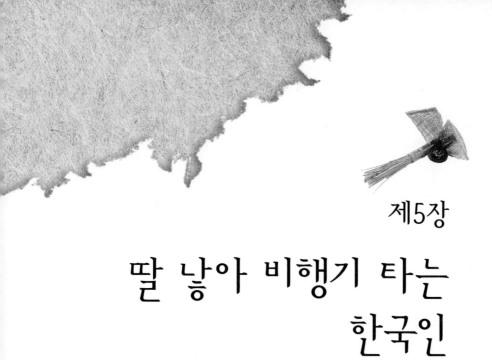

제5장

딸 낳아 비행기 타는
한국인

1.
한국인의 통과의례

동일한 문화를 형성한 사람들은 오랜 기간 일정한 시기나 과정을 통과하기 위한 공통의 의례를 따라 왔다. 이러한 의례는 한 사람의 출생으로부터 시작해 성장 그리고 죽음에 이르는 모든 과정에 나타난다. 이를 '통과의례'(通過儀禮)라 한다. 통과의례는 어느 사회든 존재하지만 강조하는 의례나 절차 등은 차이가 나타난다.

(1) 출생과 성장의 통과의례

흔히 '관혼상제'(冠婚喪祭)는 통과의례를 의미한다. 현대에 이르러 개인적 관례는 없어졌지만 여전히 현대적 성년식이 치러지고, 공공 기관 등에서 연례적 행사로 나타나고 있다. 또한 혼인을 하거나 상을 당했을 때 그리고 조상신을 모실 때 여전히 예법에 따르고 있기 때문이다. 이는 유교

도입으로 형성된 전통 생활문화가 오늘날 각 가정에서도 중요한 의례로 남아 있음을 의미한다.

출생의 통과의례　한국의 전통적 생활환경과 토착신에 기반을 둔 몇 의례가 있다. 주로 출산과 아이의 성장에 관한 '비손'과 관련된다. 출산과 관련해서는 농경문화, 특히 벼농사 중심의 생활환경에 초점을 두어야 한다. 농경문화는 생산력의 증대를 가장 중시하고 이는 남아선호 사상과 연관된다. 남아의 출생이 생산력, 인력으로 이어지기 때문이다.

한국에는 전통적 생활환경과 토착신에 기반을 둔 의례가 존재한다.(右: 보충 설명 1 참고)

알·아·보·기

생산력 증대를 위한 인력의 중요성은 남아선호사상을 낳았다. 한국인들은 이를 '기자 신앙'으로 구체화하게 되었다. 이에 대해 알아보자.

① 정의	자식이 없는 집안에서 자식, 특히 아들 낳기를 기원하여 행하는 신앙. 이후 자식의 무병장수와 부귀영화를 기원하는 의미이다.
② 행위	• 민간신앙 : • 무속신앙 : 제주의 불도맞이 굿에서는 산신(産神)을 청하여 아들 낳기를 빈다. 불도맞이굿을 보면 먼저 심방이 인간의 생명을 주는 불도 할망의 신화를 구송한다. 이어 불도 할망이 오는 길을 닦는 질침을 한 뒤 심방이 할망다리(한필의 미녕)를 들고 춤을 추어 신이 하강하는 모습을 재현한다. 생명을 죽이는 악심꽃을 꺾어버린 후 생명을 상징하는 환생꽃을 훔쳐와 아들 낳기를 원하는 부녀자에게 환생꽃을 주는 것으로 불도맞이굿을 마친다. • 범상한 자연물 :  • 주술적 힘 : 특정한 물건을 먹거나 몸에 지닌다. 예를 들면,

기자(祈子) 행위를 통한 임신을 믿는 부인은 말과 행동을 조심하고 마음가짐을 바르게 할 뿐만 아니라 먹는 음식도 조심하였다. 이는 태아에게 좋은 감화를 주어 훌륭한 아이로 자라게 하는 현대적 태교의 의미와 동일하다.

　최근은 기자속(祈子俗)을 대신해 초음파 검사나 양수 검사를 통해 미리 아기의 성별을 알 수 있고, 이에 따라 낙태 등의 각종 윤리적 문제가 발생하기도 한다. 각 병원에서 실시하는 태교 교실을 비롯하여 라마즈 호흡법 교육, 수중 분만 등이 삼신의 역할을 대신하고 있다. 또한 남녀가 평등하다는 인식이 보편화되어 과거와 같은 기자 행위는 많이 사라졌다.

아래는 우스갯 말이다. 그러나 이런 말 또한 지금 한국사회의 한 단면을 보이는 것이다. 이에 대해 이야기해보자.

- '아들 낳으면 기차 타고 딸 낳으면 비행기 탄다'
- '딸 둘에 아들 하나면 금메달, 딸만 둘이면 은메달, 또 아들만 둘이면 동메달'

　한편, 아기를 출산한 집은 대문에 왼새끼줄의 금줄을 쳤다. 한국인의 금줄은 아이의 탄생을 알림은 물론 잡인의 출입을 금하는 의미가 있다. 이는 가족 외에 다른 사람이 들락거리면 삼신할머니가 노해서 아이에게 해를 끼친다고 믿기 때문이었으나, 사실 면역기능이 없는 아기를 보호하는 삶의 지혜가 녹아든 한국인의 풍습이었다. 그러나 이 역시 주거환경의 변화로 금줄을 칠만한 장소가 사라져버렸다.

알·아·보·기

한국인에게 금줄은 그 기능을 유사하다. 아래에 대해 알아보자.

① 명칭	금줄 혹은 ☐☐, ☐☐	
② 왼새끼 의미		
③ 재료의 의미	☐☐ : 붉은 ☐☐ 은/는 모든 것을 태워 없애는 불의 색으로 귀신이 싫어하는 색 ☐☐ : 신성함을 의미 ☐ : 더러운 것을 태우고 남은 덩어리로 정화의 의미	
④ 성별의 차이	남아 : 여아 :	

성장의 통과의례 아기가 태어난 후 100일이 지나면 백일잔치를, 1년이 지나면 돌잔치를 했다. 백일, 돌과 같은 잔칫날에 빠지지 않은 한국음식은 떡이다. 특히 돌을 맞이해서는 백설기와 수수경단, 송편과 국수 그리고 대추와 각양각색의 과일로 상이 차려지는데 이들 음식에는 나름대로의 한국적 상징성이 있다. 백설기는 깨끗하고 순수한 정신을, 붉은 빛의 수수경단은 액운의 면함을, 배가 볼록한 송편은 식복, 대추와 각양각색의 과일은 자손의 번영을, 국수와 타래실은 장수를 상징한다. 그리고 상 위에 돈과 활, 화살, 붓, 벼루, 먹을 놓고 아이가 첫 번째 잡는 것으로 장래를 점치기도 한다. 돈은 부귀, 활과 화살은 용맹, 붓 등은 학문을 상징한다. 한편 여자 아이의 경우 색지, 자, 실을 놓았는데 이는 바느질 솜씨를 여성의 으뜸 자질로 여겼기 때문이다. 요즘에 이르러서는 현대에 촉망받는 직업을 상징하는 법봉, 청진기 등을 올리기도 한다.

백일, 돌잔치 등 성장에 따른 잔치 차림에는 그 나름의 의미가 있다.

아기 출생과 관련한 다른 나라의 기념일은 어떤 것이 있을까? 그리고 한국인의 100일 잔치와 돌잔치에 담긴 의미에 대해 알아보자.

① 생각할 거리	할아버지 세대의 호적을 보면 태어난 지 얼마 되지 않은 분에 × 표시가 된 것을 쉽게 볼 수 있다. 또는 옛날 분들의 나이는 주민번호와 정확히 일치하지 않으며 친구이면서 나이 차이가 많이 나는 경우도 있다. 그 이전 시대에는 어떠했을까?
② 기념의 의미	

어려운 시기를 무사히 넘긴 아이들이 소년, 소녀기를 지나 어른으로 대접받는 통과의례를 관례와 계례라 한다. 관례는 남자의 상투를 틀며 어른의 평상복을 입히고 관을 씌워 술 마시는 예법을 가르쳐주는 의례였고, 계례는 여자에게 비녀를 찌르게 하는 간단한 의례로 성인이 되었음을 인정하였다. 오늘날에는 20세가 되는 5월의 세 번째 월요일을 성년의 날로 지정하고 있다. (한자어 약관(弱冠)과 방년(芳年)은 20세의 남과 여를 가리키는 말이다. 약관은 '갓을 쓰는 나이'로 당시 15세에서 20세 사이에 관례를 행하였다. 방년은 '꽃다운 나이'를 의미한다.)

알·아·보·기

성년이 되어 살다가 맞이하는 환갑과 이의 현대적 의의에 대해 생각해 보자.

① 정의	천간(天干)과 지지(地支)를 합쳐서 60갑자(甲子)가 되므로 태어난 간지(干支)의 해가 다시 돌아왔음 뜻하는 61세가 되는 생일. 따라서 62세를 '진갑'(進甲:다시 60갑자가 펼쳐진다)이라 한다.
② 이칭	회갑(回甲)·화갑(華甲/花甲)·주갑(周甲)이라고도 한다. 환갑 때는 잔치를 하는데 이것을 수연(壽宴·壽筵)이라 한다.
③ 의의	
④ 현대적 의의	

(2) 결혼의 통과의례

전통혼례는 유교가 생활양식의 규범으로 자리 잡았던 조선시대에 뿌리 내린 것으로 그 의례와 절차가 매우 복잡하였다. 왜냐하면 혼인은 서양처럼 개인과 개인의 관계 맺음이 아니라 가문과 가문의 관계 맺음으로 인식했기 때문이다. 이는 결혼기념일에 대한 서양과 한국인의 의식 차이를 가져오게 하였다. 매년 결혼기념일에 그 의미와 가치를 주는 서양과 달리 한국인은 결혼 25주년(은혼식), 50주년(금혼식)의 특별한 날을 기념하였다.

가문간의 관계맺음으로 인식했기에
전통혼례는 그 의례와 절차가 복잡했다.

오늘날 전통혼례는 고궁 등에서 특별한 날에 또는 특별한 의미를 담기 위한 혼례로만 한정되어 한국인의 일상과 멀어진 느낌이다. 또한 함 단지는 외국계의 가방으로 교체되고 그 내용물도 사주와 청혼서가 아닌 건강 증명서와 호화 물품으로 채워지곤 한다. 결혼식장은 평균 20분에 1쌍의 부부를 탄생시키는 제조 공장이 되었고, 식이 끝난 뒤 현대식 피로연이 펼쳐지기도 한다.

각 나라의 전통적인 혼례 모습 또는 현재의 모습에 대해 알아보자.

① 장소	
② 시간	
③ 여행	
④ 비용	
⑤ 절차	

(3) 죽음의 통과의례

혼례와 함께 전통적 요소가 많이 남아있는 의례는 상례이다. 죽은 자의 혼을 달래기 위한 복잡한 과정으로 진행되기에 이해하기란 여간 어려운 것이 아니다. 사회가 점점 핵가족화 되고, 주거형태가 변함에 따라 장례 문화를 쉽게 접할 수 없고, 상례 절차 또한 어렵고 복잡하여 이를 대행하는 업체가 성수를 누리고 있다. 사회 변화에 따른 자연스러운 문화 현상이다.

과거 선사 시대나 전통 사회의 대표적 장례 문화에 대해 알아보자.

① 청동기

보충 설명 2 참고

② 부족국가

부여, 고구려(□□) / 옥저, 진한(세골장) - 무속적 의례로 행하여졌고, 무속의 내세관(왕생)과 맥락을 같이한다.

③ 삼국 이후

• 신라 : □□ 의 영향으로 화장법 성행(문무왕),
   유교식 매장 유행
• 고려 : 화장과 매장법 성행
• 조선 : 유교의 영향으로 불교의 다비식을 금지하였으나 민간 등에서는 여러 형태로 진행. 그 후, 외래 종교의 도입을 거쳐 기독교식 상례 도입

左: 보충 설명 3 / 右: 보충 설명 4 참고

시대 변화에 따른 상례 문화의 차이는 복식에서 두드러진다. 전통적으로 한민족은 일상복이나 상복으로 흰옷을 즐겨 입었다. 흰색이 주는 정결, 순결의 이미지를 숭배했던 것이다. 백의민족이라고도 하는 이유도 여기에 있다. 해방 후 미군정 시대에 원색 문화가 들어오면서 복식, 특히 상복에도 영향을 끼쳤을 것이다. 요즘 장례식장에서 볼 수 있는 상주들과 방문객들의 복장은 누구 할 것 없이 검정 계통의 복식이다.

전통의 대가족 사회에서는 돌아가신 분의 댁에서 모든 상례가 진행되었으나 요즘은 병원의 전문 장례식장에 빈소를 마련한다. 이러다보니 담당자에게 웃돈을 얹어 주어야만 빈소를 마련할 수 있는 경우까지 생기고 있다. 손님 접대를 위한 음식이나 제물까지 병원이나 근처 식당에서 맞추고 있으며 장의차가 꽃상여를 대신하고, 선산 대신 공원묘지에 산소를 쓰고 있다.

조선시대 이후 유교식 상례가 보편화되면서 오늘날 대부분이 이를 따르고 있으나, 불교식으로 또는 천주교식으로 행하기도 한다. 전통적인 매장 형식 대신 화장, 수목장, 납골당 안치 등을 자손들이 선택하기도 한다.

상례와 매장문화도 시대 변화에 따라 간소화되고 있다.

① 매장 문화 화장 문화	
② 나라별 특징	

(4) 제사의 통과의례

제례는 가신 중 조상신을 모시는 것과 직접적인 관련이 있다. 한국인은 조상숭배를 위한 한 방편으로 제례를 생각했다. 이는 조상을 잘 모심으로 가정의 안녕과 복을 받는다는 현세지향적인 종교관의 표현이며, 저승의 조상과 이승의 가족을 한 단위로 인식하는 일차원적 영혼관의 표현이다. 이러한 한국적 종교관과 영혼관에 유교가 도입되면서 제의의 절차가 체계화될 수 있었다. 현재도 모셔지는 제례는 '차례', '기제', '시제'가 있다.

〈전통제례 1〉

제례는 조상숭배의 한 방편이자 가족의 결속을 도모하는 의미가 있다.

제사를 대하는 시각은 두 가지가 있다. 하나는 우상숭배에 지나지 않는다는 부정적 측면이고, 또 하나는 가족 구성원의 결속과 조상에 대한 자긍심을 심어준다는 긍정적 측면이다. 이에 대해 생각해보자

① 긍정적 입장	
② 부정적 입장	

차례는 명절을 맞이한 각 가정에서 조상에게 지내는 가장 일반적 제례이다. 기제는 조상이 돌아가신 날을 지내는 제례이며, 시제는 문중에서 4대 이상의 조상들을 모시는 제례이다.

그러나 오늘날 설날과 추석을 전후로 공휴일이 되면서 여행지에서 차례

를 모시는 가정이 늘고 있으며, 이에 따라 호텔 측에서 준비한 제수음식으로 제사를 지내기도 한다. 또한 '모두 함께 한다'는 명절 고유의 의미는 사라지고 주부에게만 가해지는 일방적이고 과도한 노동은 '명절증후군'이라는 신조어를 만들었다. 기제 역시 가족 구성원의 편의를 위해 이른 시간대에 제사를 올리기도 하며, 가장 좋은 것을 구입하여 정성껏 차려내는 제사상의 제수도 신토불이가 아닌 수입 농산물이 그 자리를 대신하기도 한다.

문화란 시간적·공간적 공통성을 근거로 한 사람들의 생활양식 내지 방법이기에 그들의 현실에 편리하게 변하기 마련이다. 사회구조나 환경 변화에 의한 합리성이 있다면 그 역시 한국적 문화로 존중받아야 할 것이다.

Think about

끝으로, 제사문화에 대한 부정적, 긍정적 두 사례를 소개하기로 하는데, 각자 생각을 정리해보는 시간을 가져보자.

나는 제사가 싫다

"부계 조상에 대한 제사가 마치 인간의 본능이라도 되는 듯이 여성에게 강요해온 이 제도를 나는 받아들이지 않기로 결심했다." 제사를 거부하는 여자 소설가 이하천(50)씨가 쓴(이프 펴냄) 한국 사회의 잘못된 조상 숭배와 제사 문화를 정면으로 비판하고 있다. 그가 제사를 거부하는 이유는 제사가 여성들에게 희생만을 강요하고 여성들을 배제하기 때문이다. 그는 "한 남자와 결혼했다는 이유로 얼굴도 이름도 모르는 남편의 몇 대 조상에게까지 제사를 지내야 하고, 정작 제사상 앞에선 철저하게 소외되는 것이 과연 공정한 것인가"라고 묻는다. 또 조상을 상전으로 모시고 제사를 신성시하는 남성들에게, 그렇게 소중한 것에 대한 준비를 왜 여성에게 전담시키려 하는지를 따진다. 그리고는 마침내 "볼썽사납고, 우아하지 못하고, 여성의 창의성을 말살시키는 독약으로 가득찬 괴물 같은 제사의 모습을 아름다운 인간의 모습으로 바꾸는 작업"에 착수한다. 그는 100여 년 전의 동학에서 새로운 제사 양식의 단초를 발견하고, 거기에 살을 붙여 가족 구성원 모두가 주인이 되는 나름의 대안적인 제사 방식을 소개하고 있다.

이 책은 '삼십 년 동안 가부장제와 맞서 싸운 한 여성 작가의 외침'이라는 부제에서 알 수 있듯이 저자가 우리나라에서 여성으로, 한 집안의 며느리로 살아오면서 느낀 가부장제의 폐해를 직설적인 언어로 보여준다.

• 한겨레, 2000. 1. 25.

나는 제사가 좋다

당국의 추산으로는 이번 추석에 2천6백만 명이 움직일 것이라고 한다. 나라를 빼앗겨 국경을 넘는 변방 유민의 대열도 아니고, 일과 밥을 찾아 애니깽 농장으로 떠나는 식민지 노예선도 아니다. (중략) 하이마트로제(Heimatlose), 고향 잃은 떠돌이를 그렇게 부르던가! 추석을 빌려서나마 그 수구초심(首丘初心)의 원망을 되살리려는 몸짓을 나는 여간 반갑게 생각하지 않는다. (중략)

육중한 철근 콘크리트 문명의 속박과 그 황폐한 '인심'으로부터 벗어나려는 도시 탈출(urban exodus)의 꿈은 저마다 하루에도 몇 번씩 꾸겠지만, 그 해방이 어디 말처럼 쉬운 일인가. 중당(中唐)의 시인 장적(張籍)은 1천2백 년 전에 벌써 이렇게 읊었다.

낙양성에 가을 바람 부는 것을 보고	洛陽城裏見秋風
집에 편지를 쓰려니 마음이 무겁네	欲作家書意萬重
급한 마음에 할말을 잊었을까 두려워	復恐忽忽設不盡
나그네 떠나기 전에 겉봉을 열어보네	行人臨發又開封

　　(중략) 추석 대이동은 귀거래(歸去來) 본심에 대한 내밀한 사죄이고 그 보상의 표현일지 모른다. 꿈에서조차 만난 적이 없는 몇 대조 할머니, 할아버지께 드리는 제사에 무슨 효심이 그리 우러나랴! 그러나 그렇지가 않다. 조상이 소집한 자손들의 주주 총회, 죽은 이를 빙자한 산 사람들의 '그룹 미팅'이 바로 제사이기에 우리는 그런 계기와 절차를 마련해준 선인들에 감사해야 한다.

　　꽃 한 다발, 찬송가 한 번으로 끝내는 서양식 제사를 나는 군이 탓할 생각이 없다. 단지 처삼촌 뫼의 벌초 같은 무늬만 성묘를 앞당겨 끝내고 추석 연휴에 질탕한 여행을 계획하는 약삭빠른 세태나, 제사 대행 회사에 '통과급' 메뉴로 - 효성보다 경제가 먼저다 - 2인분 부모 제사를 부탁하는 코미디 프로의 익살에는 더없이 씁쓸한 기분이 스친다. 제상 차리는 집의 부담과 차리는 사람의 수고를 난들 모르지 않으나, 그 야단법석의 소란이야말로 우리네 사람 사는 정이 아닌가. 받을 날이 멀지 않은(?) 녀석의 노망으로 여기겠지만, 글쎄 그래도 나는 제사가 좋다.

• 중앙일보, 2000. 9. 7.

2.
한국인의 세시풍속

세시풍속은 일정한 시기의 특정한 날을 기념하기 위해 일 년을 주기로 되풀이하는 의례 또는 놀이이다. 농경 문화권에 속한 한민족은 한 해의 농사와 관련해 각종의 세시풍속을 발전시켜 왔다. 따라서 한국의 세시풍속은 그 자체로 온전히 한민족과 한국문화이다. 그렇기 때문에 한국을 식민지화한 일본은 한국 고유의 미풍양속을 말살하려 하였다.

'설'의 변천	일제는 1936년부터 양력 '설'을 지내게 하고, 민족의 설을 ☐☐ 으로 격하시켰다. 이후, 1989년까지 양력설을 지냈으며, 한국 고유의 설은 '민속의 날'로 정해 하루만 쉬었다. 정부도 우리 고유의 명절을 지키기 위해 1989년 공휴일에 대한 규정을 바꿔 설날인 음력 1월 1일을 전후한 3일을 공휴일로 정하였다.

'석전'(石戰) 놀이	정의	정월대보름의 민속놀이로 서로 편을 나누어 돌을 던져 싸우는 놀이이다.
	유래	
	말살 이유	

(1) 4대 명절의 세시풍속

농업이 중심이었던 한민족은 단순 반복 과정의 농사일에서 벗어나 생활에 활력이 되는 무언가가 필요하였다. 그것이 바로 농사와 관련한 세시풍속이었다.

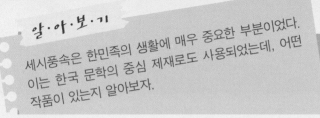

알·아·보·기

세시풍속은 한민족의 생활에 매우 중요한 부분이었다. 이는 한국 문학의 중심 제재로도 사용되었는데, 어떤 작품이 있는지 알아보자.

① 고려가요	☐☐ 은/는 월령체의 효시가 되는 노래로, 임을 여읜 여인의 애절한 정서를 각 달의 세시풍속과 함께 드러내고 있다.
② 가사문학	☐☐☐☐☐ 은/는 조선 헌종 때 정학유가 쓴 장편의 월령체 가사로, 각 절기별 농사일과 세시풍속을 기록하고 있다.

설날　설은 한민족 최대의 명절로, '원일(元日), 삼원(三元), 세수(歲首), 연두(年頭), 정조(正朝), 춘절(春節), 원진(元辰), 단일(旦日)' 등 다양하게 불린다. 아침에는 새로 지은 옷(설빔)을 입고, 조상신께 곧 차례를 지낸다. 그리고 어른들께 세배를 올린 다음에는 친척, 이웃 어른을 찾아 세배를 드린다. 세배를 받는 쪽에선 손님께 대접하는 음식상을 차린다. 어른에겐 술과 음식을, 아이들에겐 과자나 돈을 주고 덕담(德談)을 건넨다.

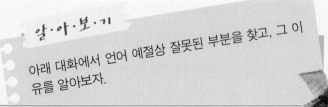

알·아·보·기

아래 대화에서 언어 예절상 잘못된 부분을 찾고, 그 이유를 알아보자.

(세배를 올리기 위해 웃어른에게)
철　　수 : 할아버지 빨리 앉으세요. 세배 드릴게요.
　　　　　(잠시 뒤, 절을 하며) 할아버지 새해에도 건강하세요.
할아버지 : 그래, 철수도 건강하고 공부 열심히 해라.

① 오류	
② 이유	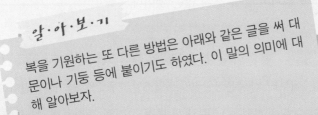

　설날 풍속에 복조리 사기가 있다. 복조리는 돌 등의 이물질을 거르고 곡식이 올라오는 모습에서 복을 상징한다. 널뛰기, 윷놀이는 대표적인 민속놀이이다.

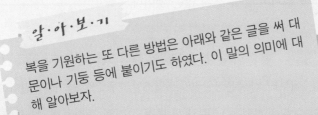

알·아·보·기

복을 기원하는 또 다른 방법은 아래와 같은 글을 써 대문이나 기둥 등에 붙이기도 하였다. 이 말의 의미에 대해 알아보자.

① 입춘대길(立春大吉)	
② 건양다경(建陽多慶)	

한식(寒食) 설, 단오, 추석과 함께 4대 명절에 속하는 한식은 중국으로부터 유래한 것으로 알려져 있다.

한식의 유래

중국의 춘추시대 때 개자추(介子推)라는 진나라 사람이 문공(文公)과 19년간 망명생활을 함께 했다. 그러나 문공이 군주에 오른 뒤 그를 잊어버리고 등용하지 않았다. 이에 산속에 숨어 살았는데, 나중에 문공이 잘못을 뉘우치고 산에서 나오기를 권했지만 나오지 않자 불을 질렀다. 끝까지 산 속에서 버티던 그는 늙은 홀어머니와 함께 버드나무 아래서 타 죽었다. 그래서 이날은 버드나무를 대문에 꽂기도 하고, 개자추의 죽음을 슬퍼하여 불을 사용하지 않고 찬밥을 먹어 '냉절'이라고 한다.

이러한 유래로 이 날은 미리 장만해 놓은 찬 음식을 먹고 닭싸움, 그네 등의 유희를 즐기며 불을 쓰지 않는 것이다.

단오(端午) '천중절, 단양, 수릿날'의 음력 5월 5일은 '단오'로 더 잘 알려져 있다. 예부터 한국은 3월 3일, 5월 5일, 7월 7일 등 월과 일이 홀수이면서 같은 숫자가 겹치는 날을 대개 명절로 정해 즐겼는데, 이 중에서도 5월 5일은 양기가 가장 강한 날이라 하여 큰 명절로 삼았다.

농경문화의 풍작을 기원하는 제삿날이었으나 지금은 농촌의 명절로 맛있는 음식을 마련하여 단오 차례를 지내기도 한다. 익모초, 쑥을 뜯어 말려 두었다가 약용으로 쓰는 풍속이 있다.

알·아·보·기

아래 사진은 단옷날의 민속놀이를 그 내용으로 하고
있다. 이에 나타난 의미에 대해 알아보자.

① 창포	② 씨름

〈단오행사 1〉

〈단오행사 2〉

추석(秋夕)　음력 8월 15일을 지칭하는 말로 '가배(嘉俳), 한가위, 중
추절' 또는 '중추가절'이 있는데, '추석'이 보편적으로 사용된다. 보름 명절
가운데 정월 대보름과 8월 대보름인 추석이 으뜸이다. 대보름은 신년 초
에 맞는 명절이어서 중요하며, 추석은 가을 수확기에 맞이하는 명절이어
그 의미가 깊다.

보충 설명 5 참고

햅쌀로 밥과 송편을 만들고, 술(신도주)도 빚어 차례를 지내고 벌초와 성묘도 한다. 추석날 남자들은 씨름판에서 힘을 겨루고, 여자들은 널뛰기를 한다. 저녁에는 식구가 평상에 앉아 둥근 달을 보며 담소하고, 남쪽지방에선 강강술래를 부르며 춤을 춘다.

알·아·보·기

추석과 관련한 속담 중 '더도 말고 덜도 말고 늘 한가위만 같아라'는 말이 있다. 이 말의 의미에 대해 알아보자.

① 의미	
② 유래	가을은 수확의 계절이다. 오곡백과가 익는 계절인 만큼 모든 것이 풍성하다. 그러므로 일 년 중 가장 먹을 것이 푸짐한 계절이다. 또 즐거운 놀이도 많아 아이로부터 부녀자에 이르기까지 밤낮을 가리지 않고 즐겁게 지냈다.

설과 추석 명절은 도시 산업화 시대를 살고 있는 현대인이 혈연 공동체의 동질감을 느끼고 화목을 다지는 계기가 된다. 꽉 막힌 도로 위에서도 웃음을 잃지 않는 것은 마음은 벌써 고향 앞마당에 가 있기 때문이다.

(2) 그 밖의 풍속

정월 대보름 　정월대보름은 팔월 보름(추석)과 함께 한국인의 밝음 사상을 반영하고 있으며, 풍요 관념을 보여준다. 달은 차고 기우는 생성과 소멸의 주기로 농업의 생산력과 관련이 깊다. 그래서 달을 여성에 비유하곤 한다. 특히 만월의 대보름은 어둠과 질병, 재액을 밀어내는 밝음을 상징하기에 집단적 행사인 동제와 개인적 행사인 '더위팔기, 부럼 깨물기, 귀밝이술마시기' 등을 통해 복을 기원한다. 이와 같은 명절의 보름 외에도 한국인의 기복 행위에 달은 신앙의 대상이었다.

정월대보름의 집단적 행사인 동제.

다음은 정월대보름에 행하는 개인의 대표적인 기복행위이다. 이러한 행위의 상징적 의미에 대해 알아보자.

① ☐☐ 행위	보름날 새벽에 일어나 사람을 불러 대답을 하면 "내 더위 사가라"고 하는데, 이것을 ☐☐(賣暑)라고 한다. 이렇게 하여 더위를 팔면 1년 동안 더위를 먹지 않는다고 믿었다.
② 부럼깨물기	
③ ☐☐☐☐ 마시기	대보름날 아침 웃어른께 데우지 않은 청주를 드시게 하여 귀가 밝아지길 바라며 또한 일 년 내내 좋은 소리 듣기를 기원하였다.

이 날에는 오곡밥과 각종 나물을 먹는다. 그리고 논둑 밭둑에 불을 놓아 태우는 '쥐불놀이', 다리를 밟으면 1년 동안 다리 병을 앓지 않는다는 '다리 밟기', '줄다리기' 등 많은 민속놀이를 즐긴다.

칠석(七夕) 음력 7월 7일을 칠석이라 하는데, 이와 관련한 남녀 간의 애틋한 전설이 전해온다. 중국 기원의 이야기가 한국, 일본에 전해진 것으로 알려져 있다. 전설에 따르면 칠석날에는 부슬비가 내리는데, 저녁에 내리는 비는 견우와 직녀가 상봉하여 흘리는 기쁨의 눈물이며, 이튿날 새벽 비는 이별을 아쉬워하는 눈물이라고 한다.

칠석의 전설

하늘나라 부지런한 목동인 견우와 옥황상제의 손녀인 직녀가 결혼하였다. 그런데 사이가 너무 좋아 농사일과 베 짜는 일은 하지 않고 놀고 먹으며 게으름을 피우자 옥황상제는 견우는 은하수 동쪽에, 직녀는 은하수 서쪽에 떨어져 살게 하였다. 부부는 서로 그리워하면서도 건널 수 없는 은하수를 사이에 두고 애태우면서 지내야 했다. 견우와 직녀의 안타까운 사연을 전해 들은 까마귀와 까치들은 해마다 칠석날에 이들을 만나게 해주기 위하여 하늘로 올라가 다리를 놓아주었는데, 이것이 곧 오작교(烏鵲橋)이다. 그래서 견우와 직녀는 칠석날이 되면 이 오작교를 건너 서로 그리던 임을 만나 1년 동안 쌓였던 회포를 풀고 다시 헤어진다. 그래서 칠석날 세상에는 까치와 까마귀가 한 마리도 없으며, 어쩌다 있는 것은 병이 들어 하늘로 올라갈 수 없는 것들이라고 한다. 또 까마귀와 까치는 다리를 놓기 위에 머리에 돌을 이고 날라 머리가 모두 벗겨지게 된다고 한다.

동지(冬至) 동지(음력 11월 중순, 양력 12월 22일경)는 일 년 중 밤이 가장 긴 날로, 이를 기점으로 낮이 점차 길어진다. 이런 경계의 상징성과 새 해를 앞둔 시기성으로 한국인의 중요한 풍속이 되었다.

이 날 먹는 팥죽을 동지팥죽이라 한다. 동짓날 팥죽을 쑤어 먼저 사당
에 바치고, 방, 마루, 광, 장독대 같은 곳에 한 그릇씩 떠놓은 다음, 나이에
해당하는 수만큼의 새알심을 넣어 먹는 풍습이 있다.

알·아·보·기

'팥'의 상징성은 무엇일까? 그리고 동지팥죽을 집안 여
러 곳에 떠 놓거나 뿌리는 행위에는 어떤 의미가 담겨
있는지 알아보자.

① '팥죽'의 유래	『동국세시기』에는 『형초세시기(荊楚歲時記)』에 의하면 "공공씨(共工氏)에게 바보 아들이 있었는데 그가 동짓날에 죽어서 역질 귀신이 되어 붉은 팥을 무서워하기 때문에 동짓날 붉은 팥죽을 쑤어서 그를 물리친다."라고 적혀 있다.
② '팥'의 상징	

※ 동국세시기(東國歲時記)는 조선 헌종 15년(1849) 홍석모가 지은 세시풍속서
  인데, 7C 초 중국의 양쯔강(揚子江) 중류 유역을 중심으로 한 형초(荊楚) 지
  방의 연중세시기인 형초세시기(荊楚歲時記)를 인용하고 있다.

(3) 현대판 세시풍속

　세시풍속은 일 년을 주기로 반복되는 특징이 있
다. 그렇다면 오늘날 일정한 시기마다 되풀이되는
행사 또한 현대적 의미의 세시풍속이라 할 수 있을
것이다.

　계절별로 추운 겨울이 지나고 새로운 생명의 약
동을 의미하는 봄의 사령으로 각종 꽃 축제가 이어
진다. 진해 군항제나 여의도 벚꽃축제, 산수유 축제,
매화 축제 등이 대표적이다. 많은 현대 한국인들은
이 시기의 봄꽃 축제를 하나의 연례행사로 생각하
고 있다. 피서의 절정기인 7, 8월 전국 휴양지의 숙박
시설은 동이 나고 민박의 요금도 하늘 모르고 치솟
는다. 가을은 단풍 구경으로 전국의 유명한 산이 인
산인해를 이룬다. 현대판 신 세시풍속이라 할 수 있
다. (봄과 가을의 꽃구경은 전통사회에서도 나타난다.)

　현대적 새로운 풍속은 못 먹고 못 입었던 과거에
서 벗어나 경제적으로 풍요로워진 결과 생겨난 현대
인의 삶이다. 또한 사회구조의 혁신적 변화는 전통
의 세시풍속을 멀리 하게 되고 오히려 외래 풍속이
마치 한국적 풍속인 양 인식하게 한다.

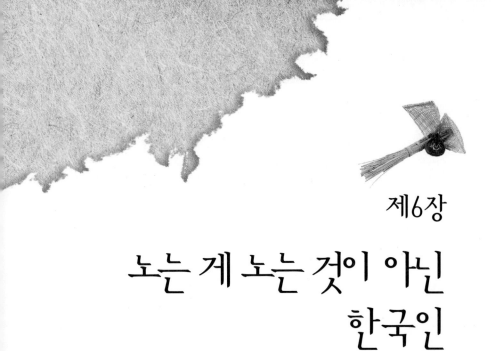

제6장

노는 게 노는 것이 아닌
한국인

1. 놀이문화의 특징

인간은 일을 통해 자신의 능력을 발휘하고 인정받는다. 일은 목표를 성취하고 인간다운 삶을 사는 데 없어서는 안 되는 것으로, 일자리를 구하지 못해 경제적, 정신적 어려움을 겪는 사람을 생각하면 충분히 이해가 된다. 한편, 휴식과 놀이는 일에 지친 피곤한 육체와 정신을 건강하고 맑게 만들어 일의 능률을 끌어 올리는 영양제이다.

'일'과 '놀이'는 어느 쪽에도 치우치지 않는 균형감이 요구된다. 이를 벗어나면, 아래와 같은 사회적 병폐가 나타난다. 이에 대해 알아보자.

① □□□□	일에 열중함으로써 칭찬, 명예, 승리, 이익에 의존하여 만족과 안정을 취한다. 따라서 일을 하지 않으면 불안한 금단 현상이 생긴다.
② □□□□□	쾌락에 집착하여 극도로 놀이에 빠짐. 일에서 얻어지는 쾌락으로 만족하지 못함. 마약을 통해 얻는 쾌락과 유사하다. 역시 불안한 금단 현상이 발생한다.

(1) '일'과 '놀이'의 성격

일과 놀이는 상호보완적 기능을 지니면서도 작업 활동이 미래에 발생할 이익을 중심으로 이루어지는 활동이라면, 놀이는 당장에 발생하는 쾌락을 중심으로 이루어지는 활동인 점에서 차이가 나타난다. 그러나 사람들의 활동 중 일과 놀이의 구별이 쉽지 않다.

알·아·보·기

사실 인간의 활동을 '일'과 '놀이'로 구분하기는 쉽지 않다. 왜냐하면 동일한 형태의 활동이 상황에 따라 일이 되기도, 놀이가 되기도 하기 때문이다. 아래의 활동을 일과 놀이로 구분해보자.

① 축구	• 프로축구선수 : • 조기 축구회 :	
② 1박 2일 여행	• 출연 연예인 : • 일반 여행객 :	

사람들이 일을 하는 목적은 다양하다. 일은 미래의 이익을 목표로 하기 때문에 절차와 과정의 엄격한 통제를 특징으로 한다. 잘못하면 이익은커녕 심각한 손해에 직면할 수 있기 때문이다. 따라서 일의 과정에는 긴장과 집중 그리고 인내 등이 요구되며, 강한 구속이 따를 수밖에 없다. '마지못해 일 한다'나 '죽지 못해 돈 번다' 등의 말이 우연히 생기지는 않았을 것이다. 그러나 놀이는 현재 발생하는 쾌락을 위해 계획되고 추진되는 것이기에 그 절차와 과정을 자유롭게 조정할 수 있는 특징이 있다. 그래서 지역에 따라 놀이의 명칭과 방식과 절차 또한 다양하다. 물론 놀이의 과정에서도 승패를 위한 어느 정도의 긴장과 집중, 인내가 필요하겠지만 일과 비교할 정도는 아니다. 일에 나타나는 정도의 긴장이 따른다면 누가 놀이를 할 것인가?

오늘날 현대인은 치열한 경쟁 사회 속에 놓여 있다. '생존경쟁, 무한경쟁' 등의 말이 이를 대변한다. 일찍이 입시 전쟁을 치르고, 대학에서는 취업 전쟁, 직장에서는 승진 전쟁에 이어 나라를 대표해 세계와 무역 전쟁을 치르는 시대에 있다. 이러한 경쟁 시대에 '놀이'는 휴식을 통해 심신을 안정시켜 몸과 마음의 병을 치유하고, 생활에 활력을 불어넣어 준다. 전통 사회의 세시풍속, 민속놀이 등도 이러한 기능을 담당하며 오늘까지 이어 온 것이다.

(2) 한국 놀이문화의 기원 및 변천

일손을 놓고 논다는 것에는 개인적 성격과 공동체적 성격 두 가지가 다 포함된다. 놀이를 통해 개인적 즐거움을 얻는 것이 하나요, 또 하나는 공동체 구성원 간의 동질성 강화가 그것이다. 이러한 특징은 한국의 고대국가에서부터 행해온 놀이에서 확인할 수 있다. 고대국가의 제천행사는 '영고, 동맹, 무천, 시월제' 등 여러 명칭으로 나타나지만 한 해 농사에 대한 감사의 제의는 개인의 행복과 안녕을 기원하는 일이며, 전체적으로는 공동체적 결속을 다져 공동체 안에서 보호받고자 한 것이기 때문이다. 뒤이은 집단적 음주와 가무 역시 그러한 요소를 반영하고 있다. 그러나 모든 놀이가 집단적으로 형성되어 내려온 것만은 아니다. 당시의 사회상을 보여주는 몇 가지 사실을 통해 놀이문화의 중심은 지배층이었음을 알 수 있다.

알·아·보·기

고조선의 사회상은 그 이후의 부족국가나 고대국가로도 이어졌을 것이다. 따라서 그러한 사회구조 속에서 놀이문화를 주로 향유한 사람들은 누구였으며, 어떤 놀이를 했는지 알아보자.

① 8조법을 통해 알 수 있는 사회상	• 조항 : ① 사람을 죽인 자는 사형에 처한다. ② 남에게 상해를 입힌 자는 곡물로써 배상한다. ③ 남의 물건을 훔친 자는 데려다 노비로 삼으며, 속죄하고자 하는 자는 1인당 50만 전(錢)을 내야 한다는 것 등이다. ①은 생명에 관한 것, ②는 신체에 관한 것, ③은 재산에 관한 것이다. • 사회상 :
② 고분벽화에 나타난 당시의 놀이	

신라시대에도 '놀이'는 학문과 무예를 닦는 중요한 요소로 삼았다. 삼국 통일의 주축이었던 화랑도의 교육과정은 집단의 생활적 측면을 중시하여 지적인 것만을 강조하지 않고 산수 유람과 가무를 통한 인격 교육이자 전인 교육을 목표로 하였다. 고려의 연등회와 팔관회 등도 당시의 대표적 놀이라 할 수 있다.

조선시대는 성리학적인 사상의 영향으로 놀이를 낭비적 요소로 보아 집단적 놀이보다 개인의 학문 수양에 도움이 되는 놀이를 주로 하였다. 그 이전부터 한민족은 향가, 가요, 시조, 등과 같은 문예 활동을 즐겼는데, 이 시대에 들어와 더욱 강화되었다. 또한 양반들은 독특한 놀이로 술과 성(기생) 그리고 문학(시조, 가사 등)을 하나로 통합하여 즐겼다. 서민층에서도 전대의 놀이를 이어받은 가운데 소설, 가사, 판소리 등의 문학을 즐겼다.

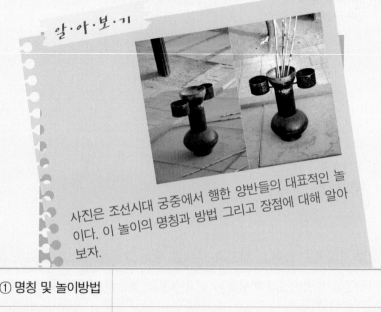

알·아·보·기

사진은 조선시대 궁중에서 행한 양반들의 대표적인 놀이다. 이 놀이의 명칭과 방법 그리고 장점에 대해 알아보자.

① 명칭 및 놀이방법	
② 장점	

　개화를 전후해서 근대적 스포츠인 구기 종목들이 들어오고, 신문이나 잡지, 영화가 제작되면서 현대적 놀이문화로 발전하게 되는 계기가 되었다. 그러나 일제가 한민족을 통제하기 위해 다양한 놀이 문화들을 금지시

키면서 놀이들이 많이 위축되었다. 한국전쟁 이후 경제가 어렵던 시절에는 "논다고 밥이 나오나 떡이 나오나" 하며 노는 것을 부정시하였다. 경제가 비약적으로 발전을 거듭하면서 다양한 프로 산업들이 생겨나고, 놀이를 문화산업과 관련짓게 되었다. 그러나 놀이문화의 비약적인 성장과 발전에도 불구하고 즐길 수 있는 놀이 공간은 날로 부족해져 가고 있다. 생일 축하 장소라고 하면 어느 누구 할 것 없이 술집을 떠올린다.

아무리 사회구조가 달라졌다 해도 공동체 구성원 간의 유대 강화라는 전통이 담긴 놀이들은 그 상징적 의미와 함께 계승되어야 한다.

2.
놀이의 의미와 상징

　　각 나라의 전통놀이가 삶의 지혜와 상징을 담고 있듯이 한국의 전통놀이에도 조상들의 지혜가 녹아있다. 농경문화의 삶 속에서 생활의 단조로움을 벗어나고 새 활력을 찾기 위해 세시풍속과 놀이를 창안한 것이다. 따라서 한국의 전통놀이는 세시풍속과 깊은 관련을 맺는다. 대표적 민속놀이에 윷놀이, 줄다리기, 지신밟기, 강강술래, 널뛰기, 그네뛰기, 씨름 등이 있다.

(1) 공동체 의식 강화의 놀이

　　윷놀이　　오늘날 윷놀이는 가장 대중적인 전통놀이이다. 명절 때뿐만아니라 평상시에도 나이 든 어른이 모여 윷놀이를 즐기는 모습을 쉽게볼 수 있다. 전통적으로 설날부터 정월대보름 사이에 남성은 마당에 멍

석을 깔고, 여성은 안방이나 마루에 방석을 깔고 놀았다. 남녀노소의 구분 없이 함께 즐길 수 있고, 동시에 여러 사람이 함께 할 수도 있는 장점이 있다.

윷놀이의 기원은 부족국가 부여와 관련 있다는 설이 있다. 즉 부여를 구성하는 각 부족의 족장 명칭에서 유래하였다는 것이다. 다음 가축 명을 알아보자.

부여의 족장명과 가축	저가 (豬加)	구가 (狗加)	우가 (牛加)	마가 (馬加)	왕
					―
윷의 명칭과 가축	도	개	걸	윷	모

※ 부여는 5개의 부족 연맹국가로 가장 세력이 강한 부족장을 왕으로 하여 다른 부족과 협의하여 정치를 했다. 그러나 다른 지역까지 관리할 힘이 없어 각 지역은 부족장들이 실질적으로 다스렸다.

윷놀이의 인적 구성은 매우 다양하나, 전통적으로 마을 단위나 문중 단위로 구성하여 지연, 혈연공동체의 강화를 목적으로 한다. 특히 마을 단위의 윷놀이에는 한민족의 집단놀이가 지니고 있는 특징이 강하게 나타난다.

① 윷놀이에 담긴 상징적 의미

② 윷놀이에서 배울 수 있는 점

윷놀이는 네 개의 윷을 던져 그 수에 따라 윷판을 운영한다. 던져 나오는 수는 작위적으로 만들 수 없는 우연에 의한 수이다. 그러나 윷판의 운영에는 고도의 합리성이 필요하다. 즉 말을 어떻게 사용하느냐에 따라 상대를 잡을 수도 있고 반대로 잡힐 수도 있기 때문이다. 여기에 윷놀이의 묘미가 있다.

③ 윷판에 담겨있는 한민족의 사상

우리 선조들은 윷판을 농토로 삼고 윷놀이를 통해 윷말을 돌려 계절을 변화시키면서 항구적인 풍년농사를 기원했다. 김문표는 『중경지』 사도설조에서 윷판 중앙은 북극성이고 윷판의 바깥까지 둥근 모양은 하늘을, 안의 모난 것은 땅을, 윷판을 이루는 점들은 별자리를 뜻한다고 했다. 그리고 윷판의 네 점과 중점을 오행에 견주어 설명하고 있다. 윷말이 윷판을 돌아 나오는 양상을 춘분(春分)·하지(夏至)·추분(秋分)·동지(冬至)에 비유하여 설명하고 있다.

줄다리기 　정월대보름의 놀이인 줄다리기 역시 벼농사와 관련한 것으로, 한국의 남부 지역에 집중되어 있다. 짚으로 꼰 긴 줄을 양편에서 잡아당겨 이긴 쪽에 풍년이 든다는 속설이 있었다. 특히 남성과 여성을 상징하는 두 줄 중 암줄이 이겨야 하는데, 이는 가임(可妊)역의 여성이 생산력을 상징하기 때문이다. 줄다리기는 단순히 풍농만을 기원하지 않고, 사회적 기능성도 나타낸다. 즉 각 편에서는 줄다리기를 이끌 조직을 구성(대장, 중장, 소장)하고, 각 가정에서는 짚과 소요 경비를 지원하여 공동체 의식을 지니게 한다. 또한 여기에 어린 아이를 참여시키는데, 줄다리기 전승을 위한 사회화의 일종이다.

줄다리기에는 신앙과 공동체 의식, 그리고 교육이 어우러져 있다.

지신밟기 　한국인은 예부터 가신을 섬기며 안택의 복을 기원하였다. 그중 지신은 집터와 가정을 지키는 신이다. 정월대보름 각 가정에서는 지신에게 고사를 지내고 풍물을 올려 축복을 비는데, 땅을 밟으면서 행하기에 지신밟기라 한다. 그 마을 주민만의 행사로 마을 전체를 위한 의례 후, 각 가정을 돌며 진행된다. 개인적 축복의 기원과 함께 집단적 전통놀이가 지니고 있는 공동체 정체성의 유대가 그 핵심이다.

지신밟기는 개인적 기원과 집단적 전통 놀이의 기능을 한다.

강강술래 강강술래는 원래 추석 때 호남 지역의 여성들이 집단적으로 행하던 놀이이다. 다른 민속처럼 자연발생적 측면이 강해 그 정확한 시기를 알 수 없다. 다만 부족국가의 축제에서 서로 손을 마주잡고 원을 그리며 뛰어 놀던 놀이가 발전한 것으로 보기도 한다.

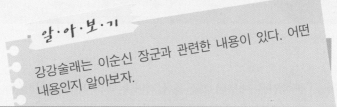

알·아·보·기

강강술래는 이순신 장군과 관련한 내용이 있다. 어떤 내용인지 알아보자.

① 내용

② 이해	그러나 이는 사실이 아니고, 그 이전부터 내려오던 민속을 이 순신 장군이 하나의 전술로써 이용한 것으로 볼 수 있다.

〈강강술래〉

강강술래는 그 내용면에서 추석, 밤, 여성(집단), 원과 관련을 지닌다. 결국 이들의 상징적 의미가 놀이에 반영되어 있다는 것이다.

① 추석 (보름달)	추석은 한 해 농사의 수확에 대한 현대적 추사감사절이다. 이를 통해 다음 해 풍년을 기원하는 것이다. 따라서 추석의 놀이로 행해졌다는 것은 그 자체가 풍요의 상징이다. 원을 그리는 행위 또한 보름달의 원과 다산을 상징한다.
② 여성 (집단)	
③ 밤	인간, 남성, 세속의 시간으로 상징되는 낮과 달리 밤은 신, 여성, 성(聖)을 상징하는 시간이다. 신에게 풍요를 기원함에 있어 낮이 아닌 밤을 선택하는 것은 당연하다.

(2) 개인적 축원 기능의 놀이

널뛰기 널뛰기는 정초 여성의 대표적 놀이로 단옷날, 추석처럼 큰 명절에도 행해진 놀이이다. 주로 넓은 안마당이나 마을의 빈터에서 긴 널빤지의 양쪽에 두 사람이 오르락내리락하며 널을 뛴다. 바깥 출입조차 자유롭지 않았던 조선시대의 규수들에게 널뛰기는 단순한 놀이가 아니었다. 몸을 높이 치솟아 담장 밖을 내다볼 수 있는 널뛰기는 여성의 자유를 억압하던 조선 유교 사회에서 찰나의 탈출과 해방의 놀이로 기능하였다.

알·아·보·기

널뛰기의 '널'은 고유어로, 어원적으로 '넓다'와 관련이 있다. 이와 관련한 지명에 '판교'가 있는데, 이의 의미에 대해 알아보자.

① 판교의 의미	板 : 널빤지 판, 橋 : 다리 교
② 판교의 옛지명	□□□/□□□
③ '널다리' 분석	한자어 板의 뜻 '널' + 한자어 橋의 뜻 '다리'
④ '너더리' 분석	• 너더리 : 너덜+이 • 너 : 너〉널〉넓 • 덜 : '들'로도 쓰임 • 너더리 = 넓들이 〉 널들이 〉 너들이 〉 너덜이

다음은 널뛰기와 관련한 '이어령의 미래가 보이는 마당'이라는 기사이다. 한국인은 놀이문화를 통해서도 다양한 교훈을 주고 있다. 널뛰기에 숨겨져 있는 현대적 의미에 대해 생각해보자.

널뛰기-경쟁과 협력의 하나되기

이 세상에는 3천이나 되는 많은 민족이 살고 있다. 하지만 널뛰기를 하는 것은 오직 한국인뿐이라고 한다. 서양에도 시소란 것이 있기는 있다. 그러나 한국의 널뛰기와 비교해 보면 정말 어린애 장난이다. 시소는 걸터앉아 하지만 널뛰기는 서서 한다. 그래서 시소와는 벗할 수 없는 격렬한 놀이다.

고려 때 여성들은 말타기나 격구(擊毬) 같이 여성으로는 믿어지지 않을 정도의 과격한 놀이를 즐겼다고 한다. 그래서 널뛰기도 역시 고려 때의 그 풍습에서 나온 것이 아닌가 추측하는 사람도 있다. 육체만이 아니다. 널뛰기는 그 정신적인 면에서도 적극성을 보여준다. 그것이 옥에 갇힌 남편을 보기 위해 생각해낸 놀이였다는 전설이 그렇다. 다른 죄인의 아내를 꾀어 함께 널뛰기를 하면서 담 너머 깊숙이 갇혀 있는 남편의 모습을 보았다는 것이다. 그 전설이 아니더라도 널뛰기가 울 안에만 살아왔던 여인네들이 담 밖의 세상을 구경하고 외간 남자의 모습도 엿보기 위해 만들어진 놀이라는 속설도 있다. (중략)

그러나 이상한 것은 널뛰기가 높이 올라가는 경주이면서도 다른 것과는 달리 경쟁자의 리듬과 호흡에 맞추지 않고서는 불가능한 경기라는 사실이다. 상대방이 공을 받을 수 없게 서브를 먹이고 볼을 깎아 스매싱을 하는 탁구나 테니스 같은 경기와는 아주 다르다. 널뛰기는 경쟁자를 이기기 위해선 널빤지에서 떨어뜨려야만 한다. 그러자면 상대방이 높이 오르도록 힘껏 굴러줘야 하고 힘껏 구르기 위해서는 상대편의 리듬과 타이밍을 잘 맞춰줘야 한다. 결국 널 위에서는 누구나 경쟁자이면서 동시에 협력자가 돼야만 하는 것이다.

상대편도 마찬가지다. 상대가 구르기 전에 먼저 뛰어오르거나 굴러주는 데도 가만히 있으면 널뛰기는 계속될 수 없다. 힘껏 구르는 경쟁자의 힘을 이용해 높이 솟아야 다음에 자신도 상대방을 힘껏 굴러줄 수 있다. 교대로 오르락내리락 하는 정반대의 운동을 하면서도 서로의 반동을 이용하고 그 리듬과 균형에 맞춰 너와 내가 한 몸이 될 때 널뛰기의 신바람과 경주가 자연스럽게 이뤄진다. 널뛰기의 특성은 협력이 경쟁으로 통하고 경쟁이 협력으로 변하는 특이한 승부의 양식에 있다.

균형과 조화를 통한 널뛰기 경주의 특성은 그 놀이의 규칙에서도 나타난다. 마른 사람과 뚱뚱한 사람처럼 신체조건이 서로 다른 사람들이라 해도 함께 널뛰기 시합을 할 수 있다. 상대방과 무게의 균형을 이룰 수 있도록 고인 목으로 널빤지의 길이를 조절해 주기 때문이다. 그것을 '밥을 준다'고 한다. (하략)

• 중일일보, 2001. 8. 24

쥐불놀이　정월 대보름날 밤, 마을의 아이들은 횃불 또는 구멍을 뚫은 깡통 속에 불을 피워 밭두렁이나 논두렁의 마른 풀에 불을 놓는다. 이 불을 '쥐불'이라 하며, 이러한 놀이를 쥐불놀이라 한다.

① 실질적 의도	쥐불을 놓게 되면 겨울을 지낸 들쥐나 메뚜기, 해충의 번데기, 각종 병해충들이 알을 낳아 놓은 잡초나 쥐구멍, 해충 서식지를 태워 농사에 유익하다. 태운 잡초의 재는 논밭의 거름이 되고 풀들이 잘 돋아나 논두렁을 보호하는 데 도움이 된다. 아울러 전염병을 옮기는 들쥐를 구축(驅逐)하기도 한다.
② 상징적 의미	

씨름 여성의 그네뛰기와 함께 남성의 씨름은 한국 민속놀이를 대표한다. 또한 씨름은 그 기원과 명칭에서 한국적 고유성을 지닌 놀이이자 운동이다. 씨름의 기원은 원시시대까지 거슬러 올라가는데, 맹수로부터 신체를 보호하고 또 다른 부족들과의 싸움에서 이기기 위한 기술이 발전한 것으로 보기도 한다. 고구려 벽화에도 씨름이 등장하는 것으로 보아 삼국시대 이전부터 있었을 것이다. 단오나 추석은 물론이고 그 밖의 경사스러운 현장에 빠지지 않는 놀이로, 오늘날에는 스포츠 산업으로 발전하였다.

알·아·보·기

현대 씨름 대회에서 우승을 하면 상금과 트로피를 준
다. 그러나 전통 사회에서는 우승한 사람에게 상으로
이것을 주었다. 이에 대해 알아보자.

① 상금	
② 이유	

그네뛰기　그네뛰기는 5월 단옷날, 널뛰기와 함께 주로 젊은 여성들이
행한 놀이이다. 고려에서는 귀족의 놀이문화로, 조선에서는 봉건적 윤리
규범에 따라 서민의 놀이문화로 행해졌다. 고려시대의 한림별곡은 이를
중심 소재로 다루었고, 춘향가(춘향전)에서는 이 도령과 춘향이가 만나는
공간적 배경으로 묘사되고 있다. 서정주 시인은 춘향이가 그네뛰는 상황
을 시적으로 그리고 있다.

제목 : 한림별곡 (보충 설명 1 참고)	제목 : 추천사, 춘향의 말-1 (보충 설명 2 참고)
당당당 당추차 조협나무 홍실로 홍그네 매요이다 혀고시라 밀오시라 정소년하 위 내 가는 데 남 갈세라 삭옥섬섬 쌍수길에 삭옥섬섬 쌍수길에 위 휴수동유 경 긔 어떠하니잇고	향단아 그넷줄을 밀어라. 머언 바다로 배를 내어 밀 듯이, 향단아. 이 다소곳이 흔들리는 수양버들나무와 베갯모에 놓이듯 한 풀꽃데미로부터, 자잘한 나비 새끼 꾀꼬리들로부터, 아주 내어 밀듯이, 향단아.
• 해석 당당당 당추자(호두나무), 쥐엄나무에다, 붉은 실로 붉은 그네를 매었습니다. (그네를) 당기시라·밀어시라 (왈자패인) 정소년이여. 아! 내가 가는 곳에 남이 갈까 두렵구나. 옥을 깎은 듯이 가늘고 아리따운 두 손길에, 옥을 깎은 듯이 가늘고 아리따운 두 손길에. 아! 옥 같은 두 손길 마주 잡고 노니는 광경, 그것이야말로 어떻습니까?	산호도 섬도 없는 저 하늘로 나를 밀어 올려 다오 채색한 구름같이 나를 밀어 올려 다오. 이 울렁이는 가슴을 밀어 올려 다오! 서(西)으로 가는 달같이는 나는 아무래도 갈 수가 없다. 바람이 파도를 밀어 올리듯이 그렇게 나를 밀어 올려 다오. 향단아.

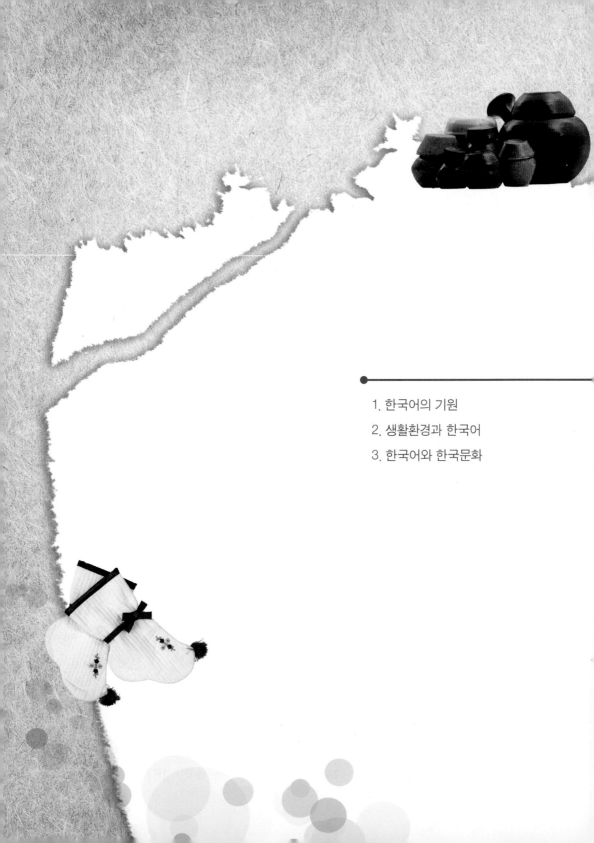

제7장

한국어와 몽골어는
동일 언어?

1. 한국어의 기원

   사람들에게 족보가 있듯이 언어도 족보가 있다. 언어 사이의 친족 관계를 밝혀서 같은 공통 조어에서 갈라진 언어들을 하나의 어족으로 묶을 수 있는데, 이를 언어의 계통적 분류라 한다. 한국어 역시 먼 옛날 다른 언어와 뿌리가 같은 언어였다. 그러나 시간이 지나면서 오늘날 독자적인 한국어로 발전한 것이다. 현재 알려진 바로 한국어는 몽골어, 투르크어, 퉁구스 언어들과 동일한 언어였다.

언어는 그 계통적 특성에 따라 몇 가지 어족으로 나눈다. 대표적 어족에 대해 알아보고, 그 중 한국어는 어디에 속하는지 알아보자.

① 언어의 어족

우랄어족
알타이어족
인도-유럽어족
알타이어족
아프로아시아어족
드라비디어족
니제르-콩고어족
오스트로네시아어족
인도-유럽어족

(1) 알타이어족

　알타이어족은 중앙아시아의 알타이(Altai) 산맥을 중심으로 한 언어군으로, 투르크어파, 몽고어파, 퉁구스어파로 분류한다. 그리고 이들 각각의 '어파'(語派)는 그 하위의 다른 언어들로 구성되어 있다.

> - 투르크어파 : 야쿠트(Yakut), 타타르(Tatar), 추바시(Chuvash) 등
> - 몽 고 어 파 : 몽골어(Mongol), 부랴트(Buryat), 모골(Mogol) 등
> - 퉁구스어파 : 울차(Ulcha), 라무트(Lamut), 에벤키(Evenki) 등

　오늘날 방대한 알타이 지역의 언어들은 지역적 차이에도 불구하고 음운, 문법, 어휘에서 많은 공통점을 지니고 있다. 한국어 역시 지금까지 연구되어진 자료에 의해 이들 언어와 일부 공통점이 있음이 밝혀졌다. 따라서 다른 어족에 속할 가능성보다는 알타이어족에 속했을 개연성이 높다.

다음은 알타이어족에 속하는 한국어의 특징이다. 맞으면 ○, 틀리면 ×에 체크하시오.

특징	○	×
① 모음조화 현상이 있다.		
② 두음법칙 현상이 있다.		
③ 어두자음군이 올 수 없다.		
④ 전치사가 발달하였다.		
⑤ 관계대명사가 없다.		
⑥ 형태적으로 굴절어에 속한다.		

(2) 한국어와 알타이어족

한국어가 알타이어족에 속한다는 가설을 처음 주장한 사람은 20C 핀란드 언어학자인 람스테드(G. J. Ramstedt)였다. 그는 알타이어족의 분기점을 '흥안산맥'으로 보았고, 이를 중심으로 4개의 어파가 분화한 것이라 하였다.

北

몽 고 어 　　　퉁구스어

西 ——————————|—————————— 東

투르크어 　 한 국 어

南

그는 한국어와 몽고어 그리고 터어키어의 기초어휘를 비교하여 그 대응
관계를 밝히고 있다.(KBS, 2004, 위대한 여정 한국어 1부 참고)

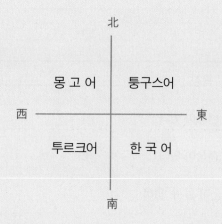

몽고어	한국어	터어키어
아바(aba)	아비	아바이(abai)
에메(eme)	어미	에메(eme)
알라(ala)	아래	알뜨(alt)
무어(muə)	물	무(mū)
이라가(irrga)	이랑	이룬(irun)
시르켁(sirkeg)	실	시렌(siren)

뽀뻬(N. Poppe)는 원시 한국어가 알타이 공통 조어에서 가장 먼저 분리
했고, 그 뒤에 터키·몽고·퉁구스 단일어 시대가 꽤 오래 계속되어 지금의
터키어, 몽고어, 퉁구스어로 분리되었을 것이라고 주장하였다.

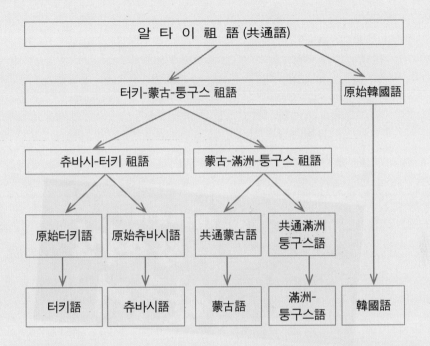

한편, 람스테드와 뽀뻬가 한국어를 북방계의 알타이제어로 설정한 것과
달리 헐버트(H. B. hulbert)는 한국어가 남방계어, 특히 인도 남부의 드라
비다어와 공통어족이었다고 주장하였다.

한국어	드라비다어
쌀	ㅂ살(psal)
벼	비아(biya)
알	아리(ari)
씨	비치(bici)
플	불(pul)
귀	귀비(kivi)
몸	메이(mey)
비	베이(pey)

알·아·보·기

2004년 KBS에서 3부작으로 특별 기획된 "위대한 여정"은 한국어와 한민족의 형성 과정을 이해하는데 도움이 된다. 이에는 한국어와 드라비다어와의 어휘비교 뿐만 아니라 한민족이 남방계와 관련 있다는 여러 과학적 연구들이 담겨져 있다. 이의 내용을 요약해보자.

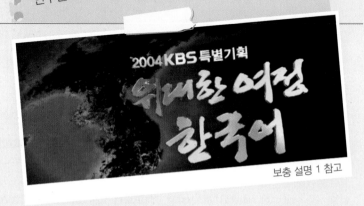

보충 설명 1 참고

2.
생활환경과 한국어

오늘날 한민족의 유전자 형질이 북방계와 남방계 민족에서 발견되는 DNA와 일부 일치하며, 북방계의 천손신화와 남방계의 난생신화가 한반도에 동시에 나타난다는 것은 과거 어느 시기에 이들 민족들이 한반도에서 만났음을 암시하는 것이다. 그들은 한반도에 정착해 있던 무리와 융화하면서 독특한 생활공간 내지 환경을 만들었다. 그러한 독특한 생활환경은 오늘날 한민족의 무의식적인 공간으로 남아 있으며, 다양한 영역에서 그 구체적 모습을 찾을 수 있다.

(1) 공동체적 생활환경

한국인의 전통적인 생활공간은 뒷산을 배경으로 마을 앞에 물이 흐르는 배산임수의 전통적 취락구조이다. 이러한 한국인의 생활공간은 나보다 우리를 먼저 생각하게 한다. 즉 가족 또는 마을 구성원들의 공동 이익이 한 개인의 이익에 앞서는 것이며, 이것이 전통사회의 세시풍속과 놀이가 지닌 상징적 의미였다. 따라서 한민족은 공동체적 생활환경 속에서 모두가 하나라는 운명 공동체의 삶을 살아왔다.

알·아·보·기

조선 시대에 풍수사상에 의해 명당을 골라 지은 대표적 건축물이 있다. 다음의 설명과 관련 있는 것이 무엇인지 알아보자.

① □□□	• 정도전 • 근정전 • 광화문 • 궁궐	
② 조선 □□	• 정자각 • 선정릉 • 세계문화유산	

운명 공동체의 집단의식은 외침으로 어려움에 빠졌을 때마다 한민족을 지켜준 든든한 버팀목이었다. 한민족이 승리했던 수많은 전투와 임진왜란을 예로 들지 않더라고 뼈아픈 역사의 한 장면인 고려의 대몽항쟁, 조선의 병자호란 그리고 일제의 식민지 통치 하에서 한민족은 포기하지 않고 끝내 한국을 온전히 지킬 수 있었다. 한민족은 어렵고 힘든 때일수록 더 강력한 에너지를 발휘하는 것 같다. 그 힘의 연장선상에서 한국전쟁 후 폐허가 되어 버린 어둡고 암담한 현실을 새마을운동으로 극복하였고, 1999년 한국 경제가 침몰해가는 IMF 금융위기 때는 금 모으기 운동을 전개하여 국민의 힘을 하나로 모을 수 있었다.

그러나 집단 공동체 의식은 어려움에 처한 민족을 단결시켜주는 긍정적 측면이 있는 반면, 혈연주의, 지연주의 그리고 학연주의와 같은 부정적 측면도 있다. 능력이나 자질에 관계없이 각종 연고주의에 의해 사람을 뽑는 경우가 대표적이다.

알·아·보·기

한국 속담에 '팔은 안으로 굽는다'는 말이 있다. 이 말의 의미는 무엇이며, 이 말을 적용할 수 있는 대화(상황문)를 만들어 보자.

① 의미	자기 혹은 자기와 가까운 사람에게 정이 더 쏠리거나 유리하게 일을 처리함은 인지상정이라는 말

(2) 공동체적 삶이 녹아든 문화

한민족의 공동체적 생활환경은 다양한 문화 영역에 영향을 끼쳤다. 이는 한국인의 식문화와 주거문화에서도 나타남을 살펴보았고, 복식문화와 언어문화에 나타나는 공동체적 삶의 모습을 찾아보기로 한다.

의(衣) 문화 한국의 전통적인 복식은 한복으로, 몸 전체를 둘러싸는 구조이다. 남자는 바지와 윗저고리를 입고, 두루마기로 몸 전제를 감싼다. 여자의 치마는 하체의 앞, 뒤를 휘감는 구조이다. 전체를 아우르는 한복의 복식 형태를 형성한 것은 한민족의 공동체적 생활환경과 무관하지 않다. 양복 문화에 가방이 있다면, 한복 문화에는 보자기가 있다. 서양의 가방이 칸칸이 나누어진 구조라면 한국의 보자기는 모든 것을 다 아우르는 형태이다.

① 식문화에 나타나는 공동체 삶

- 한정식과 비빔밥
  : 밥과 다양한 반찬이 어우러진 맛
- 불고기
  : 고기와 다양한 재료, 양념이 어우러진 맛
- 회
  :

② 주거문화에 나타나는 공동체 삶

언어문화   한민족의 공동체적 삶의 방식을 가장 잘 드러내는 단어로 '우리'가 있다. 청자를 포함하는 복수의 표현뿐 아니라 단수의 대상을 가리킬 때에도 '우리 집, 우리 학교, 우리 차, 우리 부인…'처럼 '우리'를 사용한다.

관용어구로 쓰는 말 중에 '한 솥 밥을 먹고 자라다, 한 이불을 덮고 지내다'가 있다. 이는 같은 고향에서 자란 친구 사이를 표현하는 것으로 한 가족처럼 지냈다는 의미를 지니고 있다.

한국의 친족어는 친척과 가족 사이에서 부르는 말로 본인과 상대방의 관계에 따라 세분화되어 있다. 그런데 이러한 친족어가 친척과 가족 사이에서만 통용되는 것이 아니고 사회 호칭으로 일반화되는 경향이 있다. 즉 친족의 관계에 있지 않은 사람에게도 친족어를 사용하고 있는 것이다.

알·아·보·기

다음의 장소에서 이들을 어떻게 부르는지 알아보자.

① 백화점 남녀 점원	
② 보통의 성인 남녀	
③ 경로당의 노인	
④ 식당의 종업원	
⑤ 대학교의 선배	

사실, '할아버지, 할머니, 아저씨, 아줌마, 오빠, 언니, 이모' 등은 친족 관계에서만 사용하는 호칭이었다. 친족어가 친족 관계에 있지 않은 사람들을 부르는 말이 되었다는 것은 한국인의 의식 속에 남이 아닌 한 가족처럼 사고하는 의식이 들어있기 때문이다.

한국어의 '먹다'와 관련해 "너 혼자 다 해 먹어라."란 말이 있다. 이 말의 '먹다'는 음식물의 섭취와 관계없다. 공동체의 구성원 중 어느 누가 혼자만 이익을 독차지하려 할 때 그에 대한 불만을 나타내는 말이다. '콩 한쪽도 나누어 먹는' 공동체 삶을 살아온 한국인의 정서에 혼자만 생각하는 이러한 사람은 마땅히 비난의 대상이었을 것이다.

알·아·보·기

한국인의 주소는 한글로 표기할 때와 영어로 표기할 때 차이가 나타난다. 여러분의 학교 주소를 한글과 영어로 써보고, 어떤 차이가 있는지 알아보자.

① 한글 주소	
② 영어 주소	

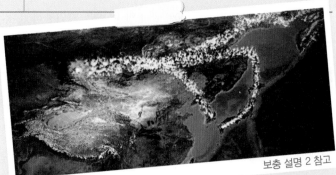

보충 설명 2 참고

3.
한국어와 한국문화

　각 나라의 생활환경은 그 지역의 독특한 문화를 만들었고, 그 지역의 문화에서 언어의 역할은 매우 크다. 언어는 사고의 수단으로 말하는 사람의 의식을 담고 있을 뿐만 아니라, 문화를 계승하는 매우 중요한 수단이기 때문이다. 한국어에는 한민족의 독특한 의식이 반영되어 있는데, 금기어, 속담, 관용어 등에서 쉽게 찾을 수 있다. 이 중, 금기어는 금하고 삼가는 사항을 잘 지키게 하기 위한 언어 형식으로 한국인의 가치관과 심리가 잘 반영되어 있다. 김진호(2002, 공저)의 내용을 재인용하였다.

　민속 금기어　'정월 대보름에 술을 먹지 않으면 귀가 잘 들리지 않는다.' 는 말이 있다. 이는 정월대보름의 '귀밝이술'과 관련한 것으로 '놀 때 놀고, 일할 때 일해라'는 뜻이 있다. 귀가 잘 들리게 하기 위해서는 술을 마셔야 하고, 술을 마시면 당연히 일을 할 수 없기 때문이다. 곧 쉬면서 노는 것도 일을 하는 것 못지않게 중요하다는 뜻이다.

알·아·보·기

한국 가신신앙의 내용을 참고하여, '문지방을 밟으면 재수가 없다.'는 말이 나온 이유를 알아보자.

생활 금기어 한국말 중에 '울다가 웃으면 똥구멍에 털 난다.'라는 재미 있는 말이 있다. 이 말은 조건과 결과로 이어진 문장이다. 즉 '만약 울다 가 웃으면'이 조건이 되고, 이 조건을 만족하게 되면 '똥구멍에 털이 난다' 는 결과가 나타난다. 똥구멍에 털이 나는 것은 일반적이지 않은 현상으로 이 말의 숨은 뜻은 이렇게 되지 않도록 조심하라는 것이다. 울다가 웃지 말라는 것은 무슨 의미일까? 보통 우는 행위는 슬픔의 감정이며, 웃는 것 은 기쁨의 감정이다. 즉 극과 극의 감정 표현인데, 한 자리에서 이러한 극 한 감정이 교차하는 것을 긍정적으로 볼 사람은 없다. 결국 감정의 극적 인 변화를 경계하라는 삶의 지혜가 숨어 있는 것이다.

알·아·보·기

'뒷간과 처가는 멀수록 좋다.'는 말의 전통적 의미를 생 각해보고, 사회가 변한 오늘날 관점에서 이를 비판해 보자.

① 전통적 의미	이 말은 처가를 너무 가까이 하지 말라는 말이다. 처가나 뒷간은 어쩔 수 없이 갖추어야 하는 존재이지만 처가를 너무 가까이 하면 남자로서의 구실을 잘 못할 수 있고, 뒷간이 가까우면 늘 불결한 생활을 면할 수 없기 때문에 생겨난 말이다.
② 현대적 비판	

음식 금기어 음식과 관련한 금기어 중 '밥알 세면 복 달아난다.'는 말이 있다. 먹을 것이 늘 부족했던 한국인에게 음식을 먹는 일은 신성한 의식과도 같았다. 따라서 먹는 것도 매우 왕성하고, 맛있게 먹어야만 누구에게나 환영받을 수 있었다. '참 복스럽게도 먹는다'는 말은 음식 먹는 모습과 그 사람의 복을 연계시켜 생각한 한국인의 독특한 사고이다. 한마디로 많이 먹어야 건강하고, 건강해야 일도 잘하고 아이도 잘 낳을 수 있어 집안을 번창시킬 수 있다고 믿었기 때문이다. 그런데 밥알을 세어 먹는 모습은 밥맛이 없거나 걱정이 많을 때 나타난다. 이는 건강을 해치는 일이기에 금기어로써 경계하고자 한 것이다.

한국 인사말 중에 "식사하셨어요?"가 있다. 이 말은 상황에 따라 달리 쓰이는데, 여러분은 어떤 의미로 사용하나요? (2)로 사용할 때, 식사와 인사를 연계시킨 이유가 어디에 있는지 알아보자.

① 의도(의미)	(1) 상대방이 식사를 했는지 궁금해서 하는 의문문 (2) 상대방을 만난 것에 대한 형식적 인사
② (2)의 이유	

임신과 출산 금기어　과거 아이를 임신하고 출산하는 행위는 소중하고 위험한 일이었다. 따라서 임신에 성공한 임부는 그때부터 여러 가지 전래의 금기를 지켜야 했다.

다음은 임신부가 금기시했던 내용들 중 일부이다. 이러한 금기 행위의 전통적 의미는 무엇인지 알아보자.

- 임신한 여자가 남을 미워하면 아기가 그 사람을 닮는다.
- 과일 등은 네모반듯하거나 완전한 원형으로 깎는다.
- 닭고기를 먹으면 아기 피부가 닭살을 닮는다.

'임신한 여자가 남을 미워하면 그 사람을 닮는다.'든지 '임신한 여자는 오리고기를 먹지 않는다.'든지 하는 말은 과학적 근거가 희박하다. 그러나 임신한 여자는 마음을 정결하게 하고, 음식을 조심하고 가려야 한다는 속뜻이 있다.

동물 금기어   나라마다 금기시하는 동물이 다르다. 한국인들은 까마귀를 대표적인 흉조로 인식하였다. 까마귀와 관련한 금기어를 찾아보고, 이웃 나라와 대조해보자.

① 까마귀 관련 금기어	
② 이웃 나라와 대조	

까마귀를 흉조로 인식하게 된 이유는 죽은 고기를 먹는 식성 때문인 것으로 보인다. 그러나 다른 한편에서는 원앙, 학, 오리 등과 함께 긍정적 의미로(反哺之孝)도 쓰인다.

`단순 연상 금기어` 한국 음식문화와 관련해 미역국을 다루었다. 미역국은 전통적으로 생일음식으로 출산과 관련된다. 그러나 미역국을 먹어서는 안 되는 날이 있는데 바로 시험일이다. 그래서 '미역국 먹고 시험을 보면 떨어진다.'는 금기어가 생겼다. 미역국의 미끌미끌한 성질이 미끄러진다 즉, '실패, 불합격'을 연상하기 때문이다. 또 '시험 보기 전 목욕을 하거나 머리를 깎으면 떨어진다.'는 말도 있다. 이 역시 씻겨나가거나 잘라져 없어지는 것이 망각과 실수를 연상시키기 때문이다. 이런 까닭으로 수험생과 부모들은 미역국을 회피하고 접착력이 강한 엿과 찹쌀떡을 합격의 상징으로 생각하게 되었고, 입시철이 되면 수험장 정문에 엿을 붙이는 모습을 볼 수 있다.

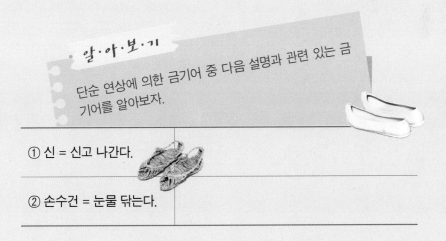

알·아·보·기

단순 연상에 의한 금기어 중 다음 설명과 관련 있는 금기어를 알아보자.

① 신 = 신고 나간다.

② 손수건 = 눈물 닦는다.

여성 금기어 전통적 남존여비 사상에서 비롯된 금기어 중 여성과 관련한 것들이 많다. '정초에 여자가 먼저 방문하면 일 년 내내 재수가 없다.'거나 '암탉이 울면 집안 망한다.'는 것 등에서 당시의 사회상을 알 수 있다. 그러나 오늘날에는 심마니들이나 선원과 같이 특수한 경우를 제외하고는 거의 사라졌다.

제8장

한글이
한옥의 문창살이라고?

1.
한국문자 창제 이전

한글이 창제되기 이전, 한민족은 중국의 한자를 빌려 문자로 사용하였다. 그러나 서민들은 한자가 어려울 뿐만 아니라 배울 시간적 여유도 없었다. 따라서 문자는 귀족이나 양반들의 소유물이 되었다. 조선의 세종대왕은 한자를 모르는 백성들을 위하여 새로운 문자 창제의 뜻을 두고 활자를 개발하여 인쇄술을 발전시키는 한편, 집현전을 확대 강화하고 유능한 인재를 중용하여 한글 창제에 힘을 쏟았다.

(1) 이중 언어생활

한민족은 한글 창제 이전, 이중적인 언어생활을 하였다. 즉 구어는 한국어를 사용했으며, 문어는 고유 문자의 부재로 한자를 이용하였다. '한국어 : 한글'의 짝이 성립되지 못한 것이다. 그러나 한자의 문자 생활은 단순한 모방에 그치지 않고, 한국만의 독특한 표현 방식으로 발전하였다.

임신서기석 표기	
① 정의	임신서기석이라는 비석에 새겨진 한자 표기법
② 방법	
③ 예시	임신년 6월 16일에 두 사람이 함께 맹세하여 기록한다. 하느님 앞에 맹세한다. …
④ 표기	壬申年六月十六日 二人幷誓記 天前誓…

구결 표기	
① 정의	한문을 읽을 때 단어 또는 구절 사이에 들어가는 우리말, 토(吐)라 한다.
② 방법	
③ 예시	원 문장 • 天地之間萬物之中 唯人 …
④ 표기	구결 문장 • 天地之間萬物之中厓 唯人伊 … 厓(애)는 부사어 '-에'를 표기, 伊(이)는 주격조사 '-이'를 표기

이두 표기	
① 정의	한자의 음과 뜻을 이용한 표기법
② 방법	
③ 예시	거북아 / 첫 번째는 은혜로우신 아버지를 <u>위하며</u>
④ 표기	龜何(한국어의 호격조사 '아'를 한자어 '何'로 표기) 第一恩賜父爲內弥(한자어 賜는 주체높임선어말어미 '-시'를, 爲內弥는 '위하며'를 나타낸다)

향찰 표기	
① 정의	향가의 표기법 (한자를 이용한 전면적 한국어 표기법)
② 방법	 보충 설명 1 참고
③ 예시	• 선화공주님은 남 그스지 얼어두고 맛둥방을 밤에 몰래 안고가다 — 서동요 • 밤 들이 놀니다가(밤 들게(늦게) 놀고 다니다가) — 처용가
④ 표기	善花公主主隱 他密之 嫁良置古 薯童房乙 夜矣卯乙 抱遺去如 夜入<u>伊遊行如可</u>(밤들이놀니다가)

① 한자 음	미안해 - 美安海, 땡땡땡 - 當當當
② 한자 훈	한밭 - □□, 밤골 - □□, 널다리 - □□
③ 음과 훈	김하늘 - □□

(2) 인쇄와 활자

인쇄 기술은 처음 중국에서 발명되었다. 한국 최초의 활자본은 8세기경
(대략 706년에서 751년 정도로 추정) 불국사 석가탑에서 나온 '무구정광다라
니경'이다. 현존하는 목판본 중 세계 최초이다.

그러나 목판본은 나무판에 글자를 새겨 먹을 칠한 후 종이에 찍어내기
때문에 시간이 많이 걸리고 오타의 수정이 어려우며, 마모의 성질이 있어
대량으로 인쇄하기에 문제점이 많았다. 목판본의 이러한 문제를 해결하기
위해 고안한 것이 바로 금속활자이다. 따라서 금속활자 제작은 인쇄술에
서 일대 혁명이며, 문명사에 획을 긋는 대사건으로 평가된다.

현존하는 서양과 한국의 최초 금속활자에 대해 알아
보자.

① 서양	구텐베르크 활자(1455년)
② 한국	□□□□□□□ 또는 □□
③ □□	• 제작년도 : 1377년 • 의의 : 세계문화기록유산, 세계 최초의 금속활자 　　　　(구텐베르크보다 78년 앞섬) • 현존장소 : 프랑스 국립도서관 　　　　(□□□□ 때 프랑스군이 약탈해감) • 발견자 : 박병선 박사

조선시대에도 조선 최초의 금속활자인 계미자(1403년)를 만들었고, 세
종대왕은 1420년에 경자자, 1434년에 갑인자를 만들어 많은 서적을 출판
하였다. 이와 함께 중국의 성리학적 철학과 음운서는 세종대왕과 집현전
학사들의 신 문자 창제에 중요한 밑거름이 되었다.

한국의 역사에서 가장 훌륭한 왕은 누구이며, 그
이유는? 또는 외국인들에게 가장 유명한 한국인
이 누구인지 조사해 발표해보자.

예) 세종대왕

과학기술의 중요성을 일찍부터 인식한 세종은 장영실 등에게 해시
계, 물시계 그리고 측우기 등을 제작하게 하였다. 그리고 박연으로
하여금 아악을 정리하고 악기 등을 개조하였다. 영토 확장에도 힘을
기울여 여진을 토벌하고 6진을 설치하여 압록강과 두만강 이남의
땅을 확보하였다. 농사와 지리에도 관심을 가져 농사직설과 팔도지
리지 등을 편찬하였다. 그러나 세종의 가장 위대한 업적은 바로 문
자 창제이다. 이러한 세종의 업적은 현재 경기도 여주의 영릉과 그
기념관 그리고 세종대왕기념관(서울시 동대문구 청량리동 산1-157)에서
도 확인할 수 있다.

양부일구, 혼천의, 측우기 등 세종대왕의 발명품.
(左: 보충 설명 2 / 中: 보충 설명 3 / 右: 보충 설명 4 참고)

(3) 집현전과 학사들

사실 집현전은 고려시대 만들어진 학문연구기관이었으나 세종 이전까지 그 역할은 크지 않았다. 그러나 세종 즉위 후 1420년 궁궐에 설치된 집현전은 한국문화의 황금기인 이 시기의 대표적 기관으로 학문연구와 서적 편찬사업에 크게 기여하였다. 세종은 뛰어난 인재들로 하여금 집현전을 구성하게 했으며 이들과 함께 고유문자 창제라는 시대적 과업을 완성하기에 이르렀다.

알·아·보·기

'집현전'의 의미와 현재명 그리고 그 모습에 대해 알아보자.

① 의미	集賢殿 : □□ 집, □□ 현, 전각 전
② 현재명	경복궁의 □□□
③ 모습	

그러나 세조의 무단 정치에 항거하기 위해 단종의 복위를 도모하는 사육신 사건이 일어나자, 세조가 집현전을 파하면서 그 기능을 잃게 되었다.

※ 사육신과 생육신 : 사육신은 단종의 복위를 도모한 죄로 죽임을 당했던 집현전 학사 박팽년, 성삼문, 하위지, 유응부, 이개, 유성원, 김문기를 지칭한다. 현재 서울시 동작구 노량진1동 155-1에 사육신 공원이 있다. 한편, 생육신은 세조 즉위 후 관직을 그만두거나 아예 관직에 나아가지 않고 세조의 즉위를 부도덕한 찬탈행위로 규정하고 비난하다 죽은 자로, 김시습, 원호, 이맹전, 조려, 성담수, 남효온을 말한다.

2.
세종대왕, 훈민정음

세종 시대는 정치적 안정을 기틀로 역사상 가장 찬란한 문화를 꽃피운 시기였다. 집현전을 통하여 많은 인재가 배양되었으며, 다양하고 방대한 편찬사업이 이루어졌다. 또, 농업과 과학기술의 발전, 의약기술과 음악 및 법제의 정리, 국토의 확장 등 수많은 업적을 통하여 민족국가의 기틀을 확고히 하였다. 이 여러 업적 중, 당연 최고는 한국 고유문자인 훈민정음의 창제이다.

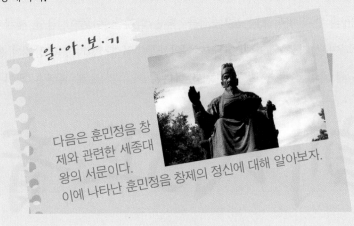

알·아·보·기

다음은 훈민정음 창제와 관련한 세종대왕의 서문이다. 이에 나타난 훈민정음 창제의 정신에 대해 알아보자.

① ☐☐ 정신	우리나라의 말이 중국말과 달라 서로 통하기 어렵다.
② ☐☐ 정신	한자를 알지 못하는 백성들은 하고 싶은 말이 있어도 그것을 (문자로) 충분히 표현할 수가 없다.
③ ☐☐ 정신	새로 28글자를 만들었으니 한자를 알지 못하는 백성들은 이것을 배워 문자 생활을 편안히 하여라.

첫째는 중국 중심적 사고에서 한국 중심적 사고로의 전환을 의미한다. 특히 천문 관측기구 그리고 문자의 창제가 그 중심이었다. 둘째는 한자를 알지 못해 억울함을 당하는 백성에게 실질적 도움을 주고자 한 것이었다. 셋째는 28자의 신 문자가 백성들의 문자생활에 실질적 도움이 되기를 바라는 세종대왕의 마음이 담겨 있다.

(1) '훈민정음'의 우수성

세계의 언어학자 또는 문자를 연구하는 학자들은 훈민정음을 세계에서 가장 우수한 문자라고 한다. 그 이유는 무엇일까? 먼저 훈민정음의 우수성을 세 가지 측면에서 살펴보기로 한다.

`인류 문화사적 측면` 　인간과 동물의 가장 큰 차이는 언어를 사용한다는 것이며, 이 경우의 언어란 음성언어를 지칭한다. 음성은 시·공간적 제약이라는 문제점을 갖고 있으며, 문명의 발전에 어떠한 영향도 미치지 못한다. 그러나 문자는 인류의 문명 발전사와 궤적을 같이 하는 문화적 산물이다. 따라서 음성언어와 달리 문자언어는 언어 간 우열의 차이가 나타난다. 이와 같이 민족 고유의 언어를 국어로 사용하면서 문자로 표현할 수 있는 체계를 갖추고 있다는 것은 그 민족의 자랑이며 문화사적으로 평가받을 만한 일이다.

`문자 발달사적 측면` 　회화문자, 표의문자, 표음문자라는 문자의 발달사적 관점에서 표음문자인 훈민정음의 우수성을 알 수 있다. 다시 표음문자는 음절문자와 음소문자로 나뉘는데, 전자(일어)보다 후자(영어, 한국어)가 더욱 발전한 형태이다. 또한 훈민정음은 같은 계열의 문자가 공통된 자형을 지니고 있고, 획이 하나 더해질 때마다 음의 성질과 의미가 달라지는 자질문자라는 점 또한 세계적으로 높이 평가되고 있다.

`문자 창제적 측면` 　인류의 문자 중 창제와 관련한 단편적 기록을 넘어 단행본의 저술이 전하는 경우의 예를 찾기 어렵다. 그러나 훈민정음은 창제자, 창제의 의의, 문자의 제자방법 및 원리, 더 나아가 철학적 배경까지 『훈민정음 해례본』에 소상히 기록되어 있다. 특히, 자음(초성자)의 창제에는 발음의 생리학적 구조를 중요하게 생각한 한국인의 자연과학적 사고가 반영되어 있으며, 모음(중성자)의 창제에는 우주 자연을 인간의 문제와

결부시킨 한국인의 인문과학적 사고가 반영되어 있음을 알 수 있다.

알·아·보·기

유네스코가 세계 각국의 단체나 개인에게 수여하는 상 중에 아래의 상이 있다. 어떤 상인지 알아보자.

① 상명	세종대왕상 [世宗大王賞, King Sejong Prize]
② 시작연도	1990년(매년 9월 8일)
③ 대상자	

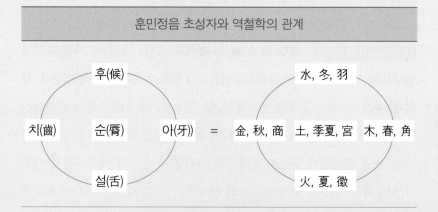

훈민정음 초성자와 역철학의 관계

후(候)
치(齒)   순(脣)   아(牙)) = 金, 秋, 商 土, 季夏, 宮 木, 春, 角
설(舌)

水, 冬, 羽

火, 夏, 徵

훈민정음 중성자와 역철학의 관계		
기본자	ㆍ ㅡ ㅣ	천, 지, 인 : 동양철학의 삼재(三才) 상징
초출자	ㅗ ㅏ ㅜ ㅓ	• 음양 : 천 지 천 지 천 　　지 천 지 천 지
재출자	ㅛ ㅑ ㅠ ㅕ	• 오행 : 수 화 목 금 토 　　수 화 목 금 토 • 모음 : ㅗ ㅜ ㅏ ㅓ ㆍ 　　ㅠ ㅛ ㅕ ㅑ ㅡ

이처럼 『훈민정음』 전체에 흐르는 역철학은 한국의 문자가 우주의 오행, 오음, 사시, 사방과 어울려 흐트러짐이 없음을 강조하고 있으며, 인간이 만들어낸 문자가 곧 우주의 섭리에 지배를 받는다는 대단히 고차원적 인식론을 제공해 주고 있다.

(2) '훈민정음'의 창제원리

세종대왕은 훈민정음의 창제에 있어 어느 한 가지 방법만이 아닌 여러 방법을 준용하였다. 먼저 자음은 발음기관의 모양을 본뜬 기본자와 기본자에 획을 더한 가획자 그리고 다른 모양의 이체자로 구성되어 있다. 모음은 동양철학의 삼재(천·지·인)를 상형한 기본자와 기본자를 결합한 여러 문자로 이루어져 있다. 따라서 에칼트의 창호 상형 기원설은 신빙성이 없다.

초성의 상형원리

조음 위치	상형의 모습	기본자
아음(牙音)	혀뿌리가 목구멍을 막는 모습 (象舌根閉喉之形)	☐
설음(舌音)	혀가 윗잇몸에 닿는 모습 (象舌附上腭之形)	☐
순음(脣音)	양 입술의 모습(象口形)	☐
치음(齒音)	이의 모습(象齒形)	☐
후음(喉音)	목구멍의 모습(象喉形)	☐

초성의 가획원리

조음 위치	기본자	가획자	이체자
아음(牙音)	☐	ㅋ	ㆁ
설음(舌音)	☐	ㄷ, ㅌ	ㄹ
순음(脣音)	☐	ㅂ, ㅍ	
치음(齒音)	☐	ㅈ, ㅊ	ㅿ
후음(喉音)	☐	ㆆ,ㅎ	

중성의 상형원리

	상형	형태
기본자	하늘의 둥근 모양(形之圓 象乎天也)	☐
	땅의 평평한 모양(形之平 象乎地也)	☐
	사람이 서 있는 모양(形之立 象乎人也)	☐

중성의 결합원리 ①

초출자	•와 ㅡ가 합하여 된 것으로, 하늘과 땅이 처음 어우르는 뜻	ㅗ
	ㅣ와 •가 합하여 된 것으로 하늘과 땅의 작용이 사물에서 나지만 사람을 기다려 이루어진다는 뜻	ㅏ
	ㅗ와 동일한 의미	ㅜ
	ㅏ와 동일한 의미	ㅓ

중성의 결합원리 ②

재출자	모양이 ㅗ와 같으나 ㅣ를 겸하고 있다.	ㅛ
	모양이 ㅏ와 같으나 ㅣ를 겸하고 있다.	ㅑ
	모양이 ㅜ와 같으나 ㅣ를 겸하고 있다.	ㅠ
	모양이 ㅓ와 같으나 ㅣ를 겸하고 있다.	ㅕ

3.
한글의 생일날

세종대왕의 훈민정음과 관련한 아래의 질문에 어느 정도 답할 수 있을까? 옆에 친구와 서로 묻고 답해보자.

질 문

① '훈민정음'의 두 가지 의미에 대해 알고 있는가?

② 문자로서의 '훈민정음'과 '한글'은 어떤 관계일까?

③ 책명으로서 『훈민정음』의 문헌적 가치를 알고 있는가?

④ 세종대왕 시절에 '훈민정음'과 '한글'이라는 용어가 사용되었을까?

⑤ 세종대왕이 '훈민정음'을 만드신 날짜는 한글날인 10월 9일일까?

(1) '훈민정음'에서 '한글'로

오늘날 한국의 고유문자를 가리켜 '한글'이라 한다. 그러나 세종대왕이 문자를 만들 당시에는 이를 '훈민정음'이라 명명하였다. 이에 관한 최초의 문헌적 기록은 세종실록 세종 25년 계해(癸亥)년 12월조에 나타나 있다.

(원문) 是月 上親制諺文二十八字 其字倣古篆 分爲初中終聲
合之然後乃成字 凡于文字及本國俚語 皆可得而書
字雖簡要 轉換無窮 是謂訓民正音

(해석) 이 달에 임금께서 언문 28자를 친히 만드셨다. 그 글자는 옛날의 전자를 본뜨고 초성, 중성, 종성으로 나누는데 합친 연후에야 글자를 이룬다. 무릇 한자나 우리나라 말에 관한 것을 모두 쓸 수 있다. 글자는 비록 간요하나 전환이 무궁하다. 이를 훈민정음이라 한다.

그 후, 16세기 최세진은 『훈몽자회』에서 '반절'이라고 명했고, 시간이 지나면서 여성이나 기생들의 문학표현 수단으로 전락하기도 하여 한때 '암클'이라고 비하한 적도 있었다. 그러다가 개화기를 전후하여 서양인들에 의해 한국말에 대한 연구가 시작되었고, 이에 국어와 국문 등으로 불리게 되었다.

알·아·보·기

세종대왕의 훈민정음 창제와 관련해 잘 알지 못하는 몇 가지 사실이 더 있다. 이에 대해 알아보자.

① 오늘날 자·모음의 명칭은 언제, 누구에게서 불리었을까?

② 훈민정음 창제 당시의 자·모음의 배열순서는 오늘날과 달랐다. 그럼 언제부터 오늘날의 배열순서와 비슷했을까?

창제 당시에는 '아-설-순-치-후-반설-반치'의 중국운학서를 기본으로 하고 있으나, 최세진의 『훈몽자회』에서부터 오늘날의 순서로 배열되어 있다.

이후, 1913년 국어학자인 주시경 선생은 『어린이 보이』라는 잡지에 '훈민정음'을 '한글'로 명명하여 실었고, 이후 지금껏 한국문자의 고유 이름이 되었다.

순수 고유어 '한글'이라는 명칭에 담겨 있는 의미에 대해 알아보자.

① 구조	□ + □
② '한'의 의미	한밭=大田에서 '한'의 의미를 유추할 수 있다. 시작: 한 개, 크다: 한 바다, 한길, 높다: 칸과 한의 어원과 동일, 핵심: 한복판, 가장 깊음: 한겨울, 한낮 등으로 다양하다.
③ '한글'의 의미	

(2) 한글날의 변천

세종 25년 12월조의 세종실록 기록에 따르면 훈민정음은 1443년에 완성되었다. 그러나 세종은 새 문자의 실용성을 시험해볼 필요가 있었다. 그래서 '용비어천가'(龍飛御天歌)를 지었고, 창제한 3년 뒤인 1446년에 드디어 일반 백성들에게 훈민정음을 공포하게 되었다. 이는 세종 28년 세종실록 권113, 병인(丙寅) 9월조에 그 내용이 기록되어 있다.

원문) 是月訓民正音成 御製曰 國之語音 異乎中國 與文字不相流通…

해석) 이 달에 훈민정음이 만들어지다. 임금께서 만드시고 말씀하시기를 우리나라의 말이 중국과 달라서 문자와 서로 통하기 어렵기에…

세종 28년은 1446년에 해당하는데, 구체적 날짜의 기록이 없어 편의상 9월 29일을 한글 반포일로 생각하게 되었다. 1926년 처음으로 한글날 기념식이 열렸는데, 당시 11월 4일이었다. 왜냐하면 이 날이 음력으로 9월 29일이었기 때문이다. 그러나 한글날을 음력으로 지내다 보니 기념일이 매년 바뀌게 되었고, 1931년을 기점으로 점차 양력이 생활화되면서 한글날도 양력으로 지내자는 의견들이 나왔다. 그리하여 1446년 9월 29일을 양력으로 계산한 것이 10월 29일이었다. 이 날은 율리우스력에 의한 계산이었는데 일부에서는 그레고리력으로 계산하는 것이 옳다고 주장하여 1934년부터는 10월 28일을 기념일로 정하게 되었다.

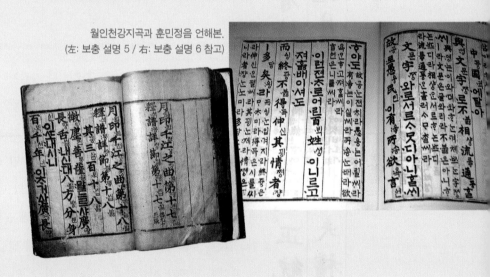

월인천강지곡과 훈민정음 언해본.
(左: 보충 설명 5 / 右: 보충 설명 6 참고)

그럼 오늘날 한글날인 10월 9일이라는 날은 어떻게 계산된 것일까?

기존의 훈민정음에 대한 기록은 세종실록 뿐이었다. 세종이 훈민정음을 만들고 나서 이에 대한 자세한 설명과 예를 들어 설명할 것을 집현전 학사들에게 명하였고 그 명에 따라 정인지가 대표가 되어 해설서를 집필하게 된다. 이를 『훈민정음 해례본』이라 한다. 그런데 해례본이 발견된 시점이 1940년 7월이었다. 이의 발견으로 훈민정음의 기원, 창제 원리, 창제 과정을 포함하는 모든 전후의 상황을 알 수 있게 되었으며, 훈민정음 반포일 또한 구체적으로 알 수 있게 되었다. 이 책의 말미에 실린 정인지의 서문에 따르면 그 날을 유추할 수 있는 기록이 나온다.

大智蓋有待於今日也欤。正統
十一年九月上澣。資憲大夫禮

원문) 正統 十一年 九月 上澣

정통(正統)은 중국 명나라 5대 영종의 연호인데, 정통 11년은 세종 28년인 1446년을 가리킨다. 9월이라는 기록도 있다. 마지막 상한(上澣)은 상순(上旬)과 동의어로 '한 달 가운데 1일에서 10일까지의 동안'이라는 사전적 의미를 지니고 있다. 따라서 9월 1일에서 9월 10일 사이라는 것을 알 수 있는데, 편의적으로 상한의 마지막 날인 10일을 기준하게 되었다. 해례본의 기록을 통해 훈민정음의 반포일은 정확하게 1446년 9월 10일이며, 이 날을 양력으로 계산한 날짜가 지금의 한글날인 10월 9일인 것이다.

제9장

서편제를 보고
남이섬을 가다

1.
영화와 전통문화

21세기가 시작되면서 대중문화는 영상매체를 통해 지속적으로 성장, 발전해가고 있다. 특히 한국적 정서를 담고 있는 영화와 드라마가 한류라는 문화현상으로 확산되며 많은 외국인들에게 알려졌다. 전통 한국문화를 담은 영화와 사극에 국한되어 있던 한국적 문화는 이제 한국을 넘어 아시아와 세계로 확산되고 있다.

(1) 한국의 소리문화

전통적 한국문화를 효과적으로 그리고 있는 영화들이 많이 있지만 그 중에서도 임권택 감독의 작품이 대표적이다. 임권택 감독의 영화 중에서도 〈서편제〉, 〈천년학〉, 〈축제〉 등에는 한국의 소리문화와 주거문화, 장례문화, 그리고 가족문화가 잘 표현되어 있다. 〈서편제〉와 〈천년학〉은 한국의 남쪽 지방에서 전해져오는 소리문화를 중심으로 예술을 향한 집념어린 여정을 담은 영화이다. 또한 〈축제〉에서는 한국인의 장례문화와 가족문화의 특성을 살펴볼 수 있다.

좌로부터 영화 〈서편제〉, 〈천년학〉, 〈축제〉의 포스터(左: 보충 설명 1 참고)

서편제　소설가 이청준의 소설을 바탕으로 만들어진 영화 〈서편제〉는 한국적 전통문화를 만날 수 있는 효과적인 작품이다. 특히 영화 속에서 주인공들이 행하는 '소리'는 전라도 지역의 판소리 문화를 체험할 수 있는 기회를 제공한다. 완벽한 '소리'를 하기 위해 한 평생을 살아온 유봉(김명곤 분)은 양딸인 송화(오정혜 분)가 자신의 뜻을 이어 '소리의 완성'을 이루길 원한다. 그 꿈을 위해 유봉은 송화의 눈을 멀게 만들고, 심혈을 기울여 송화에게 '소리'를 전수해준다. 시력을 잃어가면서도 '소리의 완성'을 위해 험난한 삶을 살아가는 송화의 모습에서 예술을 향한 열정과 함께 한스러운 삶을 동시에 느낄 수 있다.

영화 〈서편제〉는 한국적 전통문화를 만날 수 있는 효과적인 작품이다.

　임권택 감독은 한국의 전통 판소리 정서를 잘 담아내고 있는 소설에 기초해 남도 지역의 아름다운 자연과 한(恨)을 맺고 푸는 사람들의 삶을 표현하고자 했다고 밝혔다. 그리고 한국 전통 '소리'의 느낌이 하나로 어우러지는 영상을 통해 판소리가 얼마나 뛰어난 예술 양식인지를 알리고 싶었다고 말한다. 이처럼 〈서편제〉는 점차 사라져가는 소리꾼 집안의 현실을 연대기적으로 보여주면서 그 속에 담긴 전통 문화를 진정한 가치와 그것을 향한 열정을 그려내고 있다.

　영화 〈서편제〉에는 다양한 한국의 전통 판소리가 등장한다. 잘 알려진 '진도 아리랑'을 비롯해 '춘향전—사랑가', '춘향전—옥중가', '심청가', '사철가' 등 전라도 지역을 중심으로 전해 내려오는 '소리'를 감상할 수 있다.

진도 아리랑

유 봉 사람이 살며는 몇 백년 사나.
　　　개똥같은 세상이나마 둥글둥글 사세
송 화 문경새재는 웬 고갠가. 구부야 구부구부가 눈물이 난다.
유 봉 소리따라 흐르는 떠돌이 인생. 첩첩이 쌓인 한을 풀어나 보세
송 화 청천 하늘에 잔별도 많고 이내 가슴속엔 수심도 많다.
　　　(후렴) 아리 아리랑 쓰리 쓰리랑 아라리가 났네
유 봉 가버렸네 정들었던 내 사랑 기러기떼 따라서 아주 가버렸네
송 화 저기 가는 저 기럭아 말 물어보자 우리네 갈 길이 어드메뇨
　　　(후렴) 아리 아리랑 쓰리 쓰리랑 아라리가 났네
유 봉 금자동이냐 옥자동이냐 둥둥둥
　　　내 딸 부지런히 소리 배워 명창이 되거라
송 화 아우님 북가락에 흥을 실어 멀고 먼 소리길을 따라갈라요
　　　(후렴) 아리아리랑 쓰리쓰리랑 아라리가 났네
유 봉 노다가세 노다나가세 저 달이 떴다 지도록 노다나 가세
　　　(후렴) 아리아리랑 쓰리쓰리랑 아라리가 났네
송 화 춥냐 덥냐 내품안으로 들어라
　　　베개가 높고 낮거든 내 팔을 베어라
　　　(후렴) 아리아리랑 쓰리쓰리랑 아라리가 났네
유 봉 서산에 지는 해는 지고 싶어서 지느냐
　　　날 두고 가는 님은 가소 싶어서 가느냐
　　　(후렴) 아리아리랑 쓰리쓰리랑 아라리가 났네
합 창
만경창파에 둥둥둥 뜬 배 어기여차 어야 디어라 노를 저어라

진도아리랑을 포함하는 3대 아리랑에 대해 조사해보자. 그리고 영화 〈아리랑〉의 주제가로 불린 경기아리랑은 어떤 내용인지 알아보자.

① 밀양아리랑	
② 정선아리랑	강원도 금강산 일만이천봉 팔람구암자(八藍九菴子) 유점사 법당 뒤에 칠성단 돋우고 팔자에 없는 아들·딸 낳아 달라고 백일 정성 석달 열흘 노구에 정성을 말고 타관객리 외로운 사람 괄세를 마라. (후렴) 아리랑 아리랑 아라리요 아리랑 고개로 나를 넘겨 주오
③ 경기아리랑	

판소리 〈심청가〉

심청이 거동보아라 / 밥벌러 나갈적에
헌 베중의 대님메고 / 청목휘양 둘러쓰고
말만 남은 헌 치마에 / 깃 없는 헌 저고리
목만 남은 길버선에 / 바가지 옆에 끼고
바람 맞은 병신처럼 / 옆 걸음쳐 건너간다

이산저산 꽃이 피니 / 분명코 봄이로구나
봄은 찾아왔건마는 / 세상사 쓸쓸하구나
나도 어제는 청춘일러니 / 오늘 백발 한심허다
내 청춘도 날 버리고 / 속절없이 가버렸으니

〈춘향전〉 사랑가

사랑 사랑 사랑 내 사랑이야 / 이리 오너라 업고 놀자
사랑 사랑 사랑 내 사랑이야 / 사랑이로구나 내 사랑이야
사랑 사랑 사랑 내 사랑이야 / 사랑이로구나 내 사랑이야
이-이-이- 내 사랑이로다 / 아매도 내 사랑아
니가 무엇을 먹으랴느냐 / 시금털털 개살구
작은 이도령 서는디 먹으랴느냐 / 아니 그것도 나는 싫소
그러면 무엇을 먹으랴느냐 / 딩동 지지루지허니
외가지 단참외 먹으랴느냐 / 아니 그것도 나는 싫어
아매도 내 사랑아 / 포도를 주랴 앵두를 주랴
굴병사탕에 외화당을 주랴 / 아매도 내 사랑
저리 가거라 뒷 태를 보자 / 이리 오너라 앞 태를 보자
아장 아장 걸어라 걷는 태를 보자
방긋 웃어라 입속을 보자 / 아매도 내 사랑아

천년학 가장 한국적인 영화로 평가되는 〈서편제〉과 연관성이 있는 〈천년학〉은 한국의 전통적인 소리문화를 사랑이야기로 그리고 있다. 다양한 영화를 통해 한국적 정서와 문화를 영상으로 만들어온 임권택 감독의

100번째 영화라는 상징적 의미까지 갖고 있는 〈천년학〉에는 전통적 한국 문화의 여러 가지 특성이 담겨 있다.

〈천년학〉에는 전통적 한국문화의 여러 가지 특성이 담겨 있다.(右: 보충 설명 2 참고)

알·아·보·기

판소리는 소리와 대사가 어우러진 한국의 민속악이다.
다음에 대해 알아보자.

① 판소리의 문화적 가치	1964년 12월 24일 중요 □□ 문화재 제5호 2003년 11월 7일 유네스코 '인류구전 및 세계무형유산걸작'으로 선정된 세계 □□ 유산
② 판소리의 12마당	춘향가, 심청가, 흥부가(박타령), 토별가(수궁가, 토끼타령), 적벽가, 장끼타령, 변강쇠타령(가루지기타령), 무숙이타령, 배비장타령, 강릉매화타령, 숙영낭자전, 옹고집타령
③ 판소리 5마당	

• 임권택 감독은 "〈서편제〉는 소리의 감흥을 주기 위해 노력했다면, 〈천
년학〉은 소리 자체를 주인공들의 사랑이야기에 끌어들이려 했다."고 연출
의 변을 밝혔고, "한국 사람들의 풍류에 대한 멋과 소리에 대한 멋을 심어
넣고, 그것이 커다란 한국화로 보일 수 있도록 노력했다"고 하였다.

〈천년학〉에서는 〈서편제〉를 통해 대중에게 알려진 남도의 판소리 문화
와 한국의 소리문화에 어린 '한'에 대해 이야기하고 있다. 동시에 소리문
화 자체를 소개하는 것에 그치지 않고 판소리 문화를 사랑이야기와 연결
해 '사랑으로 승화되는 소리'를 보여준다. 감독은 남도지역 소리판의 사실
적인 모습을 보여주기 위해 많은 노력을 기울였다. 영화 속에서 조명창이
부르는 판소리 〈적벽가〉는 옛날부터 기량이 뛰어난 소리꾼에게 요구되던
필수 요소였다고 한다. 때문에 송순섭 명창이 직접 출연해 전통 판소리의
멋을 들려준다. '백사노인'의 칠순잔치 장면에서 등장하는 '소리'가 바로 〈
적벽가〉 중 '적벽대전' 대목으로 〈삼국지〉 적벽대전의 서막을 알리는 첫
전투 장면을 판소리로 부르는 것이다.

다음 설명의 ☐ 안에 들어갈 판소리는 무엇인지 알아보자.

판소리 ☐☐☐ 은/는 현재까지 전해지는 판소리 다섯마당 가운데 한 곡
으로 일명 '화용도'라고도 한다. 중국 소설 〈삼국지연의〉 중에서 적벽강 싸
움의 전후 부분을 차용하고 여기에 몇 가지 이야기를 첨삭하여 판소리로 짠
것이다. 사건전개 과정과 사설이 다른 판소리에 비해 낯설긴 하지만 위풍당
당한 주인공들의 묘사와 긴박감 넘치는 적벽강 장면 등은 조선후기 식자층
판소리 애호가들에게 상당한 인기를 누렸다.

영화 〈천년학〉에는 〈적벽가〉 외에도 〈춘향가〉 중 '이 도령이 춘향이 그네 타는 모습을 보는 대목과 '춘향자탄' 대목, 〈심청가〉 중 '심청이 아버지에게 효에 대해서 말하는 대목' 등 전통 판소리의 다양한 소리들이 담겨 있다.

(2) 한국의 상례문화

영화 〈축제〉는 한국의 상례문화를 자세하게 보여준다.

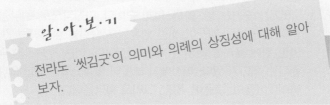

알·아·보·기

전라도 '씻김굿'의 의미와 의례의 상징성에 대해 알아 보자.

① 의미

	삶과 죽음의 경계를 넘어서게 해주는 의식인 씻김굿을 통해 망자(亡者)는 죽음의 세계로 보내고, 살아 있는 사람들은 보다 충실한 삶을 살 수 있도록 기원하는 것이다. '씻김'이라는 용어는 전체 굿의 상징적 의미가 씻기는 데 있기 때문에 생긴 명칭이라고 본다. '씻김'을 행하는 이유는 사람의 죽음을 부정(不淨)하다고 보는 관념에서 비롯된다. 부정한 죽은 영혼은 곧바로 저승으로 갈 수 없기 때문에 일정한 절차를 밟아서 부정을 씻어야 한다고 믿어 행해지는 의례인 것이다.
② 상징	씻김의 대상이 되는 부정이란 단순히 물리적인 때(滅)를 의미하는 것만은 아니고 종교적인 상징성을 갖는다. 물론 시체를 물로 씻기는 의식이 있지만 죽은 이가 갖고 있는 때는 물리적인 부정과 죽음이라는 불행한 상태를 포괄적으로 상징한다고 할 수 있다. 그래서 이런 상태를 벗어나서 해탈(解脫)하여 새로운 신격(神格)으로 승격된다는 뜻에서 부정을 씻는 의미가 있는 것이다. 씻김굿의 내용은 전라남도와 전라북도 지방이 약간 다른데, 전북지방에는 서사무가인 칠성풀이와 장자풀이, 오구물림 들이 남아있는 반면 진도를 비롯한 전남지방은 보다 단순한 편이다.
	신체는 돗자리에 망인의 옷을 싸서 말아 가지고 몸통 부분을 만들어 세우고 주발에 쌀이나 넋전(혼백)을 담아 머리부분을 삼는다. 주발 위에 솥뚜껑을 얹어 갓 모양을 만든다. 즉, 갓·머리·몸통의 세 부분을 만들어 연결시켜 세운 뒤, 무녀가 이를 잡고 무가를 부르면서 빗자루에 물을 묻혀 씻기는 것이다.
	씻기는 순서는 물·쑥물·향물 순이다. 마지막으로 '길닦음'을 한다. 길닦음은 깨끗이 씻긴 영혼을 저승길을 상징하는 긴 무명필 위에 올려놓고 밀어 가는 의식이다. 이는 저승길을 닦아 간다는 의미가 있다. 이상에서 보듯이 씻김굿의 중요한 의례는 바리데기풀이, 고풀이, 씻김, 그리고 길닦음이다.

• 『한국민족문화대백과사전』

임권택 감독의 영화 〈축제〉를 보면 전라남도 지방의 장례문화를 간접적으로 체험할 수 있다. 소설가 이청준이 직접 시나리오를 쓴 〈축제〉는 치매를 앓다 죽은 87살 노모의 장례식에 얽힌 가족 간의 다툼과 화해 과정을 그리고 있다. 40대의 유명 작가 이준섭(안성기 분)을 중심으로 그 동안 사이가 좋지 않았던 가족들이 하나 둘 모여 다투기도 하면서 장례를 진행한다. 그 시간 속에서 잊혔던 기억들이 떠오르고 감추어왔던 가족 간의 사랑이 싹트기 시작한다. 죽은 사람을 다른 세상으로 보내주는 장례식은 엄숙함 속에서도 문상객들의 시끌벅적한 놀이와 함께 진행된다. 영화는 남도 지방의 상례(喪禮) 문화를 자세하게 보여주며 삶과 죽음의 의미에 대해 생각하게 해준다.

〈축제〉의 마지막 장면은 매우 인상적이다. 장례 절차를 모두 마친 가족들이 한 자리에 모여 가족사진을 찍는 장면을 보면 모든 사람들이 환하게 웃고 있다. 서로에 대한 오해를 품은 채 흩어져 살아온 가족들이 노모의 죽음으로 인해 하나의 공간에 모여 할머니가 유언처럼 남겨 준 '가족 간의 화해'를 실천하고 있는 것이다. 때문에 죽음은 더 이상 슬프고 어두운 것이 아니라 '가족의 화해'라는 선물을 받고 새로운 일상으로 나아갈 수 있는 의미를 부여하고 있다.

2.
영상매체와 현대문화

현대 한국사회의 특성을 잘 보여준 〈괴물〉

괴물　2006년에 개봉해 1,320만 명의 관객을 모아 한국영화 흥행 신기록을 세운 〈괴물〉은 현대 한국사회의 특성을 잘 보여주는 영화다. 봉준호 감독은 21세기에 더욱 확산된 환경문제에 대한 자각을 바탕으로 독극물로 오염된 한강과 그곳에서 탄생한 '괴물'을 그리고 있다. 이 영화에 등장하는 기이한 형상의 '괴물'은 수질정화 시설을 거치지 않은 채 무단으로 한강에 방류된 독극물로 인해 한강 속 물고기가 변형을 일으킨 결과물이다. 이러한 변종 '괴물'은 평온한 한강공원을 질주하며 사람들을 잡아간다. '괴물'은 인간의 이기적인 마음에서 시작된 환경오염과 그로 인한 생태계 파괴, 그리고 다시 인간에게 되돌아온 재앙을 상징적으로 보여준다.

　이 영화에는 환경오염이 심각해지는 한국사회의 생태학적 문제와 그로 인한 심각한 사회혼란 현상이 담겨 있다. 그리고 이와 같은 위기의 상황은 정부기관이나 권력이 있는 사람들이 아닌 함께 고난을 겪는 가족 구성원에 의해 극복된다. 변희봉, 송강호, 박해일, 배두나가 연기한 영화 속 가족은 핵가족화된 한국 사회에서 흔히 볼 수 있는 가족의 모습을 보여준다. 각자의 삶을 힘겹게 살아가던 가족구성원들이 '괴물'에게 잡혀간 현서(고아성)를 찾기 위해 목숨을 걸고 힘을 합쳐 '괴물'을 처치하는 과정을 통해 다시 온전한 가족으로 모이게 된다. 결국 〈괴물〉은 환경오염의 심각성을 이야기하는 동시에 흩어진 가족들이 가족의 소중한 의미를 재발견하는 영화이다.

미녀는 괴로워　영화 〈미녀는 괴로워〉는 현대 한국 사회의 부정적인 현상 중 하나인 성형수술과 외모지상주의에 대한 비판적인 시선을 포함하고 있다. 노래는 잘 하지만 95kg이나 되는 뚱뚱한 몸매와 예쁘지 않은 외모로 인해 다른 가수의 노래를 대신 불러주는 '얼굴 없는 가수' 한나는 성형수술을 통해 새로운 인생을 만나게 된다. 완벽한 몸매와 얼굴의 '제니'로 돌아온 한나는 짝사랑하던 상준의 마음도 얻고, 자신의 노래를 부르는 가수로 탄생한다. 하지만 한나는 성형수술을 통해서 가능해진 인기와 사랑을 유지하기 위해 치매에 걸린 아버지도 모른 척하고, 자신의 참모습을 점점 잃어간다.

외모지상주의를 코믹하게 풀어낸 〈미녀는 괴로워〉

아름다운 목소리로 부르는 노래 실력은 변함이 없는데, 겉모습이 날씬하고 예쁘게 바뀌는 순간 간절히 원하는 가수가 되는 한나를 통해 외모지상주의가 만연한 현대사회의 부정적인 측면을 확인할 수 있다. 〈미녀는 괴로워〉는 무거운 사회문제를 다루고 있지만, 재미있는 사건들과 흥미 있는 소재를 활용해 부담 없이 즐기고 난 후 한 번쯤 자신을 돌아볼 수 있는 계기를 제공한다.

겨울연가　　일본을 중심으로 상상 이상의 인기를 얻은 〈겨울연가〉는 주인공 배용준과 최지우의 인기와 함께 드라마 한 편이 가져올 수 있는 문화적 역량을 고스란히 보여준 작품이다. 최근까지도 배용준의 인기는 여전하며 드라마 촬영 장소는 한국의 관광 명소로 자리 잡기도 했다. 〈겨울연가〉는 표면적으로 볼 때 전통적인 한국문화와는 관련이 없어 보인다. 대신 현대적인 한국문화를 형성하고 있다고 말할 수 있다.

드라마 〈겨울연가〉는 '첫사랑'을 소재로 운명적인 만남과 어쩔 수 없는 이별, 그리고 다시 만난 사랑을 그리고 있다. 이 드라마의 성공 요소는 잘 기획된 극적 구성과 배우들의 연기, 그리고 아름다운 영상이다. 무엇보다 '첫사랑'과 '운명'을 통해 전개되는 사건과 이야기는 극적 긴장감을 형성하며 시청자를 사로잡았다.

드라마 한류 현상에서 〈겨울연가〉의 의미는 상당히 중요하다. 무엇보다 현대적인 한국 정서를 담고 있는 작품이 일본을 비롯한 여러 국가에 자연스럽게 흡수되었다는 점을 들 수 있다. 특히 일본에서의 인기는 예상을 넘어 한류 현상의 기폭제가 되기도 했다. 배용준에게 부여된 '욘사마'라는 호칭에서 단적으로 확인할 수 있듯이 〈겨울연가〉는 현대적 한국문화의 세계화를 이끈 초석이 되었다.

현대적 한국문화의 세계화에 초석이 된 〈겨울연가〉

드라마 〈겨울연가〉의 주요 촬영 장소는 외국인들에게 인기 있는 관광지가 되어 많은 이들에게 알려지고 있다. 주인공 준상(배용준)의 집과 춘천 남이섬, 중도유원지, 우도, 추암 해수욕장 등이 대표적인 장소이다.

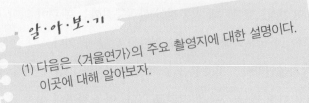

알·아·보·기

(1) 다음은 〈겨울연가〉의 주요 촬영지에 대한 설명이다. 이곳에 대해 알아보자.

① 위치	강원도 춘천시 남산면 방하리 198번지
② 설명	춘천의 □□□ 은/는 일본인 팬들의 필수 관광코스로 해마다 많은 관광객이 찾고 있어 드라마 한류의 경제적 가치를 증명하고 있다.
③ 사진	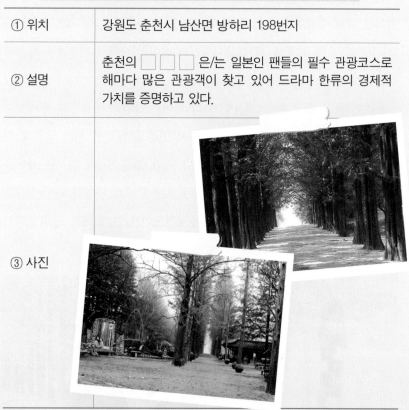

(2) 다음은 〈겨울연가〉의 주요 촬영지에 대한 설명이다. 이곳에 대해 알아보자.

① 위치	강원도 동해시 천곡동 806번지
② 설명	이 곳은 촛대바위, 크고 작은 바위섬들과 어울려 깨끗한 백사장과 한가로운 어촌마을 풍경이 장관이며 한국관광공사가 지정한 "한국의 가볼만한 곳" 10선에 선정되기도 할 만큼 아름다운 곳이다. 또한 이 곳은 경기도 광주시 남한산성의 정동방에 위치해 있다는 표지가 있다.
③ 사진	

3.
영상매체와 음식문화

위로부터 MBC 드라마 〈대장금〉과
KBS 드라마 〈겨울연가〉

드라마를 중심으로 진행되던 한류 현상은 음악
영역으로 확장되어 최근 K-pop이 세계 여러 나라
에서 인기를 얻고 있다. 드라마를 통해 한국을 알고
한국적인 문화를 친숙하게 받아들이는 흐름을 형성
하고 나아가 한국 노래와 한국어에 대한 관심도 커
졌다. 이제 한국 드라마와 영화는 한국인과 한국 사
회를 대변하는 중요한 문화 현상이 되었다.

1990년대 이후 〈사랑이 뭐길래〉, 〈보고 또 보고〉,
〈별은 내 가슴에〉, 〈토마토〉, 〈가을동화〉, 〈아름다운
날들〉, 〈겨울연가〉, 〈대장금〉 등이 중국과 일본을
비롯한 여러 국가에서 방영되며 드라마 한류를 형
성하였다. 국가별로 인기 있는 작품은 다르지만 〈대
장금〉과 〈겨울연가〉의 전파와 영향력은 단연 돋보

인다. 특히 〈대장금〉은 60여 국가에 수출되며 3조원이 넘는 경제적 가치를 가져왔고, 한국의 전통문화를 세계적으로 알리는 데 큰 역할을 담당하고 있다.

〈대장금〉의 특성 중 하나는 사극이라는 장르에서 찾을 수 있다. 유구한 역사적 흐름에서 찾아낸 사실을 기초로 현대적 상상력을 더해 역사와 문화를 조화시킨 것이다. 조선시대라는 한국 역사의 장을 배경으로 왕과 신하(궁녀, 의녀 등)의 관계를 설정해 이야기를 전개한다. 왕의 음식을 담당하는 수라간 궁녀 장금(이영애 분)을 주인공으로 그녀가 궁중음식을 만드는 과정 속에서 역사적 음식문화를 보여준다. 또한 역사적 고증을 통해 궁궐 안의 문화와 함께 궁궐 밖 서민들의 주거문화까지도 담고 있다.

음식문화는 물론 주거문화까지도 담고 있는 〈대장금〉

자신의 운명을 개척해나가는 장금은 민정호를 중심으로 한 주위 사람들의 도움을 통해 고난과 역경을 이겨낸다. 〈대장금〉에는 음식을 만드는 궁녀가 되는 과정에서부터 궁에서 쫓겨나 노비가 되었다가 다시 의술을 배워 의녀로 환궁하는 주인공의 험난한 인생이 잘 그려져 있다. 그리고 장금의 인생 여정을 따라 한국의 전통 음식문화와 주거문화, 의료문화의 면모를 확인할 수 있다. 드라마의 인기와 함께 많은 관광객을 유치하고 있는 '대장금 테마파크'에는 드라마에 등장한 전통가옥과 음식 표본이 전시되어 있다.

알·아·보·기

대장금 촬영 장소 중 아래 설명에 해당하는 곳에 대해 알아보자.

- 최종회에서 동굴 안에서 발견한 산모를 수술한 장소
- 남제주군 대정읍 상모리

① 송악산 진지동굴
② 성산일출봉
③ 한라산
④ 마라도

기능

한국의 다양한 문화 중에서 음식문화를 매력적으로 형상화한 영화로
〈식객〉, 〈식객2-김치전쟁〉을 들 수 있다. 인기 만화를 원작으로 한 영화
〈식객〉은 음식을 대하는 한국 특유의 전통을 '오감을 자극하는 화려한
요리전쟁'으로 묘사하고 있다.

음식문화를 매력적으로 형상화한 영화 〈식객〉과 〈식객2-김치전쟁〉

이 영화는 한국의 전통 음식문화를 두 요리사의 대결 구도로 설정해 이
야기의 흥미를 주고 있다. 최고의 자리를 차지하기 위해 비윤리적 방법도
마다하지 않는 봉주는 최고급 재료에서만 최고의 요리가 나올 수 있다고
생각한다. 하지만 주인공 성찬은 요리에서 가장 중요한 것은 먹는 사람을
배려하는 마음가짐이라 생각해서 요리 자체에 자신의 마음을 담으려고
한다. 이 두 사람의 요리 대결은 단순한 요리 대결을 넘어 음식과 삶에 대
한 한국인의 따뜻한 정서를 보여준다.

한편, 영화 〈식객〉은 서민적인 음식부터 궁중의 화려한 요리들까지 많은 볼거리를 선보이며, 관객들의 눈길을 사로잡는다. 이러한 음식문화를 보다 아름답게 표현하기 위해 〈식객〉은 한국의 다양한 지역에서 촬영되었다. 특히 영화 속 중심 배경인 운암정의 수백 개의 항아리는 한국 전통 장을 만드는 안성 서일 농원에서 촬영한 것이다. 그곳에 있는 장독들은 전국 곳곳의 골동품상을 통해 구입해 보존해 왔기 때문에 그 역사와 품위를 직접 보면 감동이 한층 커진다고 한다.

영화 〈식객〉의 스틸컷

그리고 영화 속 중심 공간인 '운암정'은 강릉 선교장에서 촬영되었다. 이곳은 드라마 〈황진이〉와 〈궁〉에도 등장할 만큼 한국적인 주거문화로서의 의미를 지니고 있다. 이 외에 영화 속에서 인상적으로 등장한 '해바라기와 메밀밭 길'은 전북 고창에 있는 학원농장에서 촬영한 것이다. 이처럼 〈식객〉은 다양한 한국의 음식문화와 관광 명소들을 매력적으로 보여주는 영화이다.

〈식객〉의 후속작인 〈식객2-김치전쟁〉은 한국의 음식문화 중에서도 매우 중요한 김치에 대한 진지한 접근이 이루어지고 있다. 김치의 전통적 의미에서부터 현대적으로 변화, 수정된 김치의 다양한 활용방법이 등장한다. 이 영화의 주제는 김치를 통해 한국적인 '어머니의 손맛'을 형상화하는 것이다. 때문에 한국인의 밥상에 빠지지 않고 항상 올라오는 반찬인 김치를 주요 소재로 활용하고 있다. 날마다 바뀌는 밥상 위 여러 가지 반찬들과 달리 일 년 내내 변함없이 상에 오르는 김치는 밥과 함께 가장 기본이고 핵심인 음식이다. 바로 이러한 김치의 특성이 한국인의 정서 속 어머니와 자연스럽게 연결된다.

영화 〈식객2-김치전쟁〉 속 다양한 김치들

김치를 활용한 요리 대결을 통해 관객들은 김치문화에 담긴 한국적 '어머니의 맛'을 확인하게 된다. 겉모습은 화려하지 않지만 늘 우리 곁에 있고, 꼭 필요한 김치에는 '정성어린 마음'이 담겨 있다. 그래서 오랜 시간 숙성될수록 더욱 더 깊은 맛을 내는 김치는 한국적 참살이(웰빙) 문화를 대표하는 음식이라 할 수 있다.

memo

Let's learn and experience Korean Culture!

제10장

암사동 및
한강으로의 이사

1.
인류, 국가의 태동

한반도에 인류가 정착한 시기는 지금으로부터 약 70만 년 전이다. 그들은 주거와 식생활 그리고 도구 사용에 변화를 거듭하며 서서히 정치 국가로의 발전을 꾀한다.

	주거	식생활	도구
① 구석기 시대 (~ 1만년 전)	동굴, 바위 밑	수렵 및 어로, 채집	뗀석기, 돌창 〈주먹도끼〉
② 신석기 시대 (8000년 전)	동굴, 움집 등	수집 및 어로, 채집, 농경	간석기, 돌화살촉, 낚시바늘 등
③ 청동기 시대 (1000년 전)	지상 가옥	벼농사	석기 농기구, 청동 무기(검 등)

(1) 석기 시대와 정치 세력의 등장

70만 년 전, 한반도에 거주했던 인류는 호모 에렉투스로 구석기인에 해당한다. 현재 연천의 전곡리 선사유적지는 20만 년 전 구석기인(호모 사피엔스)의 생활상을 알 수 있는 곳이다. 4만 년 전, 인류의 진짜 조상인 호모 사피엔스 사피엔스가 출현하였는데, 이들이 활동한 시기를 신석기 시대라 한다. 한반도에는 약 8000년 전에 시작되었으며 그 때의 생활상은 암사동 유적지에서 확인할 수 있다.

알·아·보·기

다음은 인류의 진화 과정이다.
빈 칸에 들어갈 학명의 의미에 대해 알아보자.

	학명	시기	의미
①	오스트랄로피테쿠스	400만 년 전	
②	호모 파베르	250만 년 전	
③	호모 에렉투스	170만 년 전	
④	호모 사피엔스	20만 년 전	
⑤	호모 사피엔스 사피엔스	4만 년 전	

암사선사유적지에서 당시 인류의 삶의 모습과 다양한
체험을 할 수 있다. 이에 대해 알아보자.

① 주거 형태	□□
② 토기 사용	명칭 : □□□□□□
③ 특징	매년 10월 둘째 주, 금~일(3일) 선사문화축제 개최

    1000년 전 농사 기술이 전해지면서 인류는 정착과 분업생활을 시작하였다. 집단의 우두머리가 생겨났고 다른 부족과 싸움을 통해 식량이나 땅을 확보하였으며 청동을 재료로 한 새로운 무기가 제작되었다. 이를 청동기 시대라 한다.

① 비파형 동검과 세형동검이 출현한 것으로 보아
   다양한 청동 농기구가 사용되었다.

〈요령식 동검〉

② 이 시대의 대표적 토기 역시 빗살무늬토기이다.

〈한국식 동검〉

※ 비파형 동검(요령식)은 비파라는 악기를 닮아서 붙여진 명칭이고, 세형동검
   은 전체적으로 가느다란 모양을 한 한국의 대표적 동검이다. 후자가 좀 더
   발전한 형태로 주로 청동기 후기나 철기 전기의 유물로 본다.

(2) 한국 최초의 국가 탄생

지금으로부터 B.C. 2333년 전, 만주 요령과 한반도 서북 지방의 부족들
은 자신의 지역을 다스리고 있었다. 그 중 힘이 센 부족이 다른 부족들을
통합하여 한국 최초의 국가인 '고조선'을 세웠다. 고조선은 청동기 문화를
바탕으로 한 제정일치 사회였으며, 영토가 넓어지고 다스리는 사람이 많
아지자 질서 유지를 위해 규칙(8조법)을 제정하였다. 이를 통해 생산력 증
대에 따른 사유 재산이 늘어나면서 빈부의 차이가 생겼고, 지배와 피지배
라는 계층의 분화가 일어났음을 알 수 있다.

고조선은 기원 300년 전, 중국과의 교류를 통해 철기 문화를 받아들여 더 부유한 나라로 발전하였다. 그러나 고조선의 세력 확장에 위협을 느낀 한나라의 침입으로 기원 전 108년에 고조선은 멸망하였다.

알·아·보·기

'단군왕검'이란 명칭에서 알 수 있는 당시의 사회상에 대해 알아보자.

① '단군'의 의미		
② '왕검'의 의미		
③ 단군성전	• 정의	우리나라 시조인 단군을 모시기 위한 사당
	• 장소	위치 : 전국 여러 곳에 있음 　　　서울에는 종로구 사직공원 내에 있다. 보충 설명 1 참고

2.
부족국가의 발전

　고조선이 멸망할 시기에 만주와 한반도에는 여러 나라가 성장하고 있었다. 나라를 잃은 고조선의 유민들은 앞선 철기문화를 가지고 한반도 전역으로 퍼져 한민족의 형성에 기여하게 되었다.

　고조선이 망한 만주 지역의 부족 중 '부여'가 있었다. 부여는 강력한 힘으로 주위 부족을 통합하여 부족 연맹 국가로 발전하였다. 왕의 힘이 절대적이지 못해 중앙 지역을 제외한 나머지를 원래 그 부족의 족장들에게 계속 다스리게 하였고, 국가의 중요한 일에 대해서만 왕을 중심으로 각 부족장들이 협력하는 정도였다.

알·아·보·기

부여는 중앙의 왕 아래 네 곳으로 나눈 사출도를 다스리는 부족장이 있었다. 부족장의 관직명은 가축의 이름에서 따 온 것으로 알려져 있는데, 관직과 가축을 이어 보고, 이의 의미에 대해 알아보자.

① 관직명	저가	구가	우가	마가
② 가축명	돼지	개	소	말
③ 의미				

알·아·보·기

다음은 부여의 대표적 풍습이다. 이에 대해 알아보자.

① 순장제도	
② 영고	• 의미 : • 성격 :

부여 아래 압록강 유역에는 고구려가 자리하고 있었다.

① 내용	금와왕이 태백산 남쪽에 있는 우발수라는 곳에서 사냥을 하다가 울고 있는 한 여인을 만났다. 그녀는 하백의 딸, 유화였다. 하늘의 아들 해모수와의 사이에 아기를 갖게 되어 아버지 하백이 유화를 내쫓은 것이었다. 금와왕과 함께 궁으로 온 유화는 얼마 후 큰 알을 낳았다. 그러자 상서롭지 못한 일이라 하여 그 알을 개, 돼지에게 주었으나 모두 먹지 않고 피하였다. 유화는 밤낮으로 알을 품기 시작했다. 며칠 뒤 알이 깨지더니 그 속에서 사내아이가 태어났다. 그가 주몽으로, 생김새가 비범하고 재주가 영특하여 나이 7세에 제 손으로 활과 화살을 만들어 쏘았는데 백발백중으로 맞혔다. 그러나 주몽의 재주를 시샘하는 사람들이 많자 주몽은 자신을 따르는 사람들을 이끌고 압록강 유역의 졸본 땅으로 피신해 고구려를 세웠다.
② 상징	• 난생 설화의 상징 :

• 자라, 물고기 도움의 상징 :

• 활을 잘 쏘는 것의 상징 : |

고구려의 동쪽 해안가에는 옥저와 동예가 자리하고 있었는데, 해산물과 소금이 이 지역의 특산물이었다. 상대적으로 산악지대에 위치한 고구려로서는 옥저와 동예를 통합함으로써 이 지역의 특산물을 확보할 수 있었다.

알·아·보·기

다음은 옥저와 동예의 대표적 풍습이다. '제노포비아(xenophobia)'의 의미를 알아보고, 이를 동예의 풍습과 관련해 생각해보자.

	고구려	옥저	동예
① 제천행사명	동맹(10월)	–	무천(10월)
② 풍습	데릴사위제	민며느리제	족외혼 : 다른 씨족과의 혼인 책 화 : 부족 경계를 지킴

※ 데릴사위제(서옥제)는 신랑이 신부의 집에 예물을 가지고 가서 혼인을 정하면 신부 집의 뒤편에 작은 집을 짓고, 거기서 자식을 낳아 장성하면 아내를 데리고 신랑 집으로 돌아가게 된다. 민며느리제는 어린 소녀를 데려다가 양육하여 장성하면 아들과 결혼시켰다. 이 때에 남자 측은 여자 측에 예물을 치른다. 일종의 매매혼 제도로 볼 수 있다. 둘 다 초기국가 시대들의 노동력이 중요했음을 보여주는 제도이다.

한강 이북 지역의 부여, 고구려, 옥저, 동예와 달리 한강 이남 지역에는 78개의 작은 부족들이 지역별로 나누어져 있었다. 오늘날 전라도, 충청도 지역에는 마한을 중심으로 하는 54개의 부족이 있었고, 경상남·북도 지역은 진한을 중심으로 12개 부족 그리고 낙동강 지역은 변한을 중심으로 12개 부족이 있었다. 이를 삼한(三韓)이라 한다.

알·아·보·기

삼한과 관련한 내용들이다. 아래 주제에 대한 정보와 그 의미를 알아보자.

① 저 수 지	김제의 벽골제, 제천의 의림지, 밀양의 수산제, 상주의 공검지, 의성의 대제지 등 벼농사 중시	
② 제천행사		
③ 사 회 상	• ☐☐	정치를 맡은 ☐☐ 들은 나라의 크기에 따라 신지, 읍차로 불렸다.
	• ☐☐	제사를 맡은 제사장인 ☐☐ 은/는 소도라는 신성 지역을 다스렸다. 이 소도에는 정치적 세력이 미치지 못하였으며 죄인이라도 이곳으로 도망가면 잡아가지 못하였다.

3.
삼국으로의 발전

한반도 지역의 부족 연맹체들은 강력한 힘을 바탕으로 주위 부족을 통합하면서 점차 고대국가로의 발전을 꾀하고 있었다. 한반도 북쪽 지역에서는 고구려의 세력이 컸으며, 남쪽 지역은 각각 백제와 신라가 그 세력의 중심이 되었다.

(1) 고구려의 건국과 발전

고구려는 B.C. 37년 주몽이 압록강 주변 졸본에 세운 작고 가난한 나라였다. 산악지역에 터를 잡은 고구려는 필요한 곡식과 영토 확장을 위해 일찍부터 정복사업을 강화하였다. 수렵도에 표현된 것처럼 사냥기술이 전쟁에 많은 도움을 주었을 것이다. 2대 유리왕은 교통이 편리하고 넓은 들판이 있는 국내성으로 수도를 옮겼고, 고국천왕에 이르러서는 한나라와

도 맞설 수 있을 만큼 국력이 강화되었다.

고구려의 힘찬 기상을 느끼게 해주는 수렵도.(보충 설명 2 참고)

알·아·보·기

고구려에는 '진대법'이라는 것이 있었다. 어떤 내용인지
알아보자.

① 제안자	
② 내 용	

　한편, 고구려는 북쪽의 요동 지방을 사이에 두고 주변 국가들과 팽팽
한 긴장 관계를 가졌다. 왜냐하면 이 지역은 지정학적 요충지이자 바로 고
조선의 옛 지역으로 영토 수복의 의미가 있었기 때문이다. 고구려의 11대

동천왕은 중국의 '위'와 함께 요동을 정벌하였다. 그러나 위가 고구려에 압력을 가하자 미천왕은 위와 낙랑의 중심 교역지인 서안평을 공격하는 동시에 한반도에 남아 있던 낙랑과 대방을 정복하였다. 이로써 대동강 이남의 옛 고조선 땅을 차지하게 되었다.

※ 서안평은 압록강 맞은 편 지역으로, 요동과 평양을 연결하는 요지였다.
※ 낙랑, 대방은 중국의 한나라가 고조선을 멸망시키고 한반도에 설치한 4개 행정 구역의 일부였다.

미천왕과 그의 아들 고국원왕이 각각 요동의 모용과 백제 근초고왕과의 전투에서 목숨을 잃자, 왕에 오른 소수림왕은 전쟁을 피하고 불교 도입, 태학 설립, 율령 반포 등을 통해 나라를 정비하였다. 이는 고구려의 전성기를 맞이할 수 있는 기틀이 되었다.

알·아·보·기

고구려의 전성기는 광개토대왕과 그의 아들 장수왕 시기이다. 이들의 주요 업적에 대해 알아보자.

① 광개토대왕	• 한강 유역 진출 392년 백제 공격하여 10성 함락 ~ 396년 백제 공격하여 58성 차지 　　　　백제 아신왕의 동생과 대신을 인질로 잡아 옴 400년 백제·가야·왜 연합군 격파

① 광개토대왕	• 요동 및 북방 진출 397년 후연의 요동성을 점령함 398년 숙신을 정벌함 405년 요동성(遼東城)을 공격한 후연의 군대를 격퇴 406년 목저성(木抵城)을 공격한 후연의 군대를 격퇴

② 장 수 왕	414년 광개토대왕릉비 건립
	427년 □□ 으로 수도를 옮김
	475년 백제 공격, 한성 함락
	       (백제 웅진 천도)
	
	• 위치 : 충북 충주시 가금면
	          용전리 입석부락 280-11
	• 가치 :
	〈중원 고구려비〉

  그러나 위진 남북조의 중국이 수와 당으로 통일되면서 고구려는 어려운 시기를 맞게 되었다. 수나라의 여러 침략을 을지문덕 장군 등이 막고, 당나라의 침략 또한 안시성의 양만춘이 막아냈지만 수십 년에 걸친 전쟁에 국력은 약화되고, 국토는 황폐화되었다. 이에 연개소문의 죽음, 그 아들들의 권력 다툼과 배신, 당나라와 신라의 침략으로 고구려는 668년 망하고 말았다.

알·아·보·기

을지문덕 장군의 살수대첩과 그가 수나라 장수에게
보낸 한 편의 한시에서 느낄 수 있는 기개에 대해 알아
보자.

① 살수대첩	
② 한시	그대의 신기(神奇)한 책략은 하늘의 이치를 다했고 오묘한 계획은 땅의 이치를 다했노라. 전쟁에 이겨서 그 공이 이미 높으니 만족함을 알고 그만 두기를 바라노라.
③ 장군의 기개	

(2) 백제의 건국과 발전

백제는 온조가 B.C. 18년 하남 위례성에 세운 나라이다. 이 때 이미 한
강 이남에는 여러 나라가 있었고 그 중 목지국의 힘이 가장 강하였다.

알·아·보·기

백제 건국시조인 온조와 관련한 이야기, 그리고 온조를 모시는 사당을 알아보고, 당시 백제의 성이 있었던 곳에 대해 알아보자.

① 내용	고구려 시조인 주몽이 부여에서 쫓겨날 때 부인이 임신 중이었다. 주몽이 졸본 땅에서 소서노와 결혼하여 두 아들, 비류와 온조를 얻었다. 그 때 부여의 유리가 주몽을 찾아오자, 두 아들은 고구려를 떠나 남쪽에서 새 나라를 세우고자 하였다. 비류는 오늘날 인천 쪽의 바닷가에, 온조는 한강 유역에 자리 잡았다. 그러다가 바닷가에 위치한 비류가 비옥한 유역의 온조에 합류하여 백제를 세웠다.
② 사당	• 장소 : • 명칭 :
③ 장소	오늘날 ☐☐ 토성과 ☐☐ 토성 일대가 당시 백제의 성이 있었던 곳으로 추정한다.

　나라를 세운 지 200년이 흐른 뒤, 백제는 8대 고이왕에 이르러 목지국을 점령하여 마한의 새로운 지도국이 되었다. 이후, 고구려에 의해 낙랑과 대방이 패망하자, 중국과 직접 교류할 수 있는 길이 열려 삼국 중 가장 먼저 번영의 기회를 가졌다.

13대 근초고왕 시기의 백제는 마한의 여러 나라를 모두 통합하여 오늘날 전라도 영역까지 영토를 확장하였을 뿐만 아니라 옛 낙랑과 대방 지역의 북쪽까지도 관심을 두어 고구려 고국원왕과 싸워 황해도까지 진출하였다. 백제는 강력한 힘을 바탕으로 육지뿐만 아니라 해상을 통한 교역에도 관심을 가져 중국의 요서지방, 산둥 그리고 왜와도 활발히 교류하였다.

알·아·보·기

백제는 일본과의 교류를 통해 많은 문화를 전해주었는데, 다음에 대해 알아보자.

① 아스카문화	일본이 고대 한국, 특히 백제 문화를 본격적으로 받아들여서 형성한 것이 아스카 문화이다.
② 아직기	
③ 왕인	왕인(王仁)은 백제의 학자로, 일본에 한자와 유교를 전했다.

그러나 백제는 고구려의 전성기였던 광개토대왕과 장수왕 시기에 여러 차례 공격을 받아 한강 유역을 빼앗기고 수도를 웅진(공주)으로 옮겼다. 무령왕은 귀족들에 의한 정치의 혼란을 막고 나라의 경제에 힘을 쏟아 서서히 옛날의 안정적인 백제 모습을 갖추어 나갔다.

수도를 웅진(공주)로 옮긴 백제는 안정적인 모습을 갖추어 나갔다.(左, 右: 보충 설명 3 참고)

알·아·보·기

1971년 발굴된 무령왕의 무덤에 대해 알아보자.

① 명칭	무령왕릉(송산리 고분군 중 7호)
② 위치	충청남도 공주시(公州市) 금성동
③ 특징	• ☐☐☐ (벽돌로 만든 건축물) • ☐☐ 무늬의 벽돌 (전체적으로 외관이 화려하고 세련된 아름다움) • ☐☐ 형의 구조(입구와 현실 천장) • 백제 시대의 건축수준, 예술적 감각을 이해하는데 도움이 된다.

④ 가치	• □□ 163호로 지정 • 왕과 왕비의 왕관을 비롯하여 금팔찌·금귀걸이 등 순금제 3㎏의 정교한 금세공품과 도자기·철기 등 총 88종 2,600여 점의 부장품 출토

무령왕의 뒤를 이은 성왕은 다시 수도를 사비(부여)로 옮겨 고구려에 뺏긴 한강 유역을 찾기 위한 계획을 세웠다. 그는 신라의 진흥왕과 손을 잡고 고구려를 공격해 551년 한강 유역을 찾을 수 있었다. 그러나 한강 상류 지역을 차지한 신라의 공격으로 성왕이 죽자 이에 대한 복수로 의자왕은 신라의 40개 성을 함락하고 뒤이어 대야성(신라의 국경을 지키는 중요성)

마저 함락하였다. 이에 다급해진 신라는 당나라에 원조를 청했고, 이를
예측하지 못한 백제는 결국 김유신이 이끄는 신라와 소정방이 이끄는 당
나라의 연합군에 의해 660년 멸망하였다.

백제의 아픈 역사를 간직하고 있는
부여의 □□□□이/가 있다.

	□□□	□□□
① 명칭		
② 내용	서기 660년(백제 의자왕 20) 백제가 나·당연합군(羅唐聯合軍)의 침공으로 함락되자, 궁녀 3,000여 명이 백마강(白馬江) 바위 위에서 투신하여 죽었다고 한다. 그 바위를 사람들이 □□□ 이라고 불렀다.	

보충 설명 4 참고

(3) 신라의 건국과 발전

　경주의 옛 서라벌에는 각각의 촌장이 다스리는 여섯 마을이 있었다. 이들은 철기 기술을 가지고 들어온 고조선 유민과 합쳐 나라를 세웠는데, B.C. 57년의 신라였다.

알·아·보·기

신라의 박혁거세 신화에 대해 알아보고, 오릉에 대한 이야기도 알아보자.

보충 설명 5 참고

① 내용

서라벌의 여섯 마을이 촌장을 중심으로 평화롭게 살고 있었다. 어느 날 여섯 마을의 촌장을 뽑는 회의를 하던 중 양산촌의 「나정」이라는 우물 가 숲 속에서 찬란한 빛이 내리더니 그곳에서 흰 말 한 필이 무릎을 꿇고 울고 있었다. 이상하게 생각한 양산촌의 촌장 '소벌공'이 가까이 가보니 그 자리에는 큰 알이 한 개 놓여져 있었다. 알에 손을 대자 껍질이 깨지며 아주 잘 생긴 사내아이가 나왔다. 여섯 촌장들은 아기를 꺼내어 깨끗이 씻었는데 몸에서는 광채가 났다.

① 내용		아기는 박처럼 큰 알에서 나왔다 하여 성은 '박', 이름은 나라를 밝게 비추어 준다고 하여 '불구내'라고 하였다. 그 후 한참 뒤 '빛난다'의 뜻을 지닌 '혁'과 세상에 있다는 뜻의 '거세'로 바꾸어 이름을 '혁거세'라 하였다. 바로 이 날 사량리 알영이라는 우물가에서는 계룡 한 마리가 여자아이를 낳았다. 한 할머니가 월성 북쪽 냇가에 가서 목욕을 시켰더니 그 부리가 빠져 아름다운 여자아이가 되었다. 아이 이름은 우물의 이름을 따서 '알영'이라고 하였다. 나중에 알영은 혁거세의 부인에 되어 신라의 초대 왕후가 되었다.
② 오릉	• 의미	박혁거세, 알영부인, 남해왕, 유리왕, 파사왕 5명의 분묘
	• 이칭	사릉(蛇陵) 연유 :

4대 왕 석탈해의 정복 사업과 교역의 확대로 기반을 잡았으며, 356년 내물왕은 오늘날 경상도 대부분에 해당하는 지역을 차지하였다. 그는 바닷가를 통해 다른 지역과의 교류를 원했으나 이미 백제가 서해와 남해의 바닷길로 중국의 문물을 금관가야와 왜에게 전해주고 있었다. 신라는 백제와 사이가 좋지 않았던 고구려와 손을 잡게 되었다. 이를 계기로 고구려는 신라에 침략한 왜를 물리쳐 주기도 하였다.

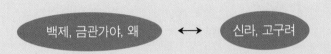

백제, 금관가야, 왜 ⟷ 신라, 고구려

그러나 고구려가 왜를 물리쳐준 구실로 신라의 내정을 간섭하게 되었다. 그 때 백제의 비유왕은 신라의 눌지왕에게 동맹을 제안하였다. 왜냐하면 고구려 장수왕이 427년 평양으로 수도를 옮기자 불안을 느꼈기 때문이다. 이를 '나·제 동맹'이라 한다. 이를 통해 고구려와 맞설 수 있게 된 신라는 지증왕에 이은 법흥왕 시기까지 왕권 강화를 위한 대대적인 정비를 하였다.

다음은 지증왕과 법흥왕 시기의 주요 업적들이다. 알맞게 연결해보자.

① 지증왕

② 법흥왕

• 우경을 실시하고 순장을 금지하였다.

• 이차돈의 순교로 불교를 공인하였다.

• 국호를 신라로 통일하고, '왕'의 호칭을 썼다.

• 화백회의를 없애고 상대등 제도를 두었다.

• 금관가야를 정복하였다.

그 뒤를 이은 진흥왕이 고구려와 백제를 공격할 계획을 세우고 있을 때, 백제 성왕의 제의로 고구려를 공략하여 한강 상류를 차지하였고, 곧이어 한강 하류마저 차지하면서 '나·제 동맹'은 깨졌다. 이러한 기세를 몰아 신라는 고구려 지역인 함경도와 낙동강 일대의 대가야까지 정복하였다. 신라의 최전성기를 맞이하게 된 데에는 '화랑도'의 공이 컸으며, 이 시기는 문화적으로도 꽃을 피우게 되었다.

알·아·보·기

삼국 통일의 밑바탕이 되었던 화랑도에 대해 알아보고,
당시 뛰어난 예술인에 대해 알아보자.

① 화랑도	• 정의	신라 때 청소년으로 조직되었던 수양단체
	• 계율	□□□□ : □□□□ : □□□□ : □□□□ :
	• 조직	지도자 화랑 밑에 낭도가 있었다. 총지도자에 국선(國仙:源花 ·花主)을 두고 그 밑에 화랑이 있어 각각 문호(門戶:編隊)를 맡았다. 국선은 원칙적으로 전국에 1명, 화랑은 보통 3~4명에서 7~8명, 화랑이 거느린 각 문호의 낭도는 수천 명이었다.
	• 의의	

② 예술인	• 솔거(황룡사 벽화) • 우륵(가야금과 곡)
	• 거칠부(국사)

보충 설명 7 참고

※ 한반도 남쪽 낙동강 서쪽 지역에 12개의 작
은 나라들은 연맹국가를 형성하고 있었다.
이 중, 초기에는 금관가야(김해), 후기에는 대
가야(고령)가 중심이 되었다. 그러나 결국 신
라에게 복속되고 만다.

　한강 유역을 차지한 신라는 백제의 반격에 맞서야 했다. 결국 632년 신
라 최초의 여왕인 선덕여왕 시기에 여러 성을 뺏기고 대야성까지 함락되
어 서라벌은 위험에 빠졌다. 그러나 신라는 김유신 장군이 648년 대야성
을 되찾음과 동시에 김춘추는 당나라에 도움을 청하였다.

　'나·당' 연합군은 660년 황산벌에서 백제 계백 장군과의 마지막 전투에
서 승리하여 사비성을 함락했고, 몇 차례의 실패 끝에 668년 고구려마저
멸망시켰다. 그러나 삼국 통일의 기쁨도 잠시 당나라는 한반도 전역을 그
들의 영역으로 삼기 위해 백제에는 웅진도독부, 평양에는 안동도호부, 신
라에는 계림도독부를 설치하였다.

　그러나 문무왕은 당과의 싸움을 위해 옛 백제와 고구려 장수들에게 벼
슬을 주어 힘을 보태게 하고, 왜와의 관계 개선에도 노력하였다. 일차적으
로 670년 백제 땅의 당나라군을 몰아내는데 성공했다. 그리고 672년 당의
침입을 매소성(연천 일원)과 기벌포(금강 하구)에서 크게 물리쳐 당나라군
을 신라의 영토에서 모두 몰아낼 수 있었다. 이로써 신라는 대동강 이남

지역의 영토를 통일하게 되었다.

삼국을 통일한 신라는 그 후, 황금 문화기를 맞아 발전하였으며, 그 북쪽에서는 고구려의 유민인 대조영이 연해주, 만주 지역을 중심으로 거란, 말갈 등의 여러 부족들과 함께 발해를 세웠다. 전성기 발해의 영역은 북쪽으로 흑룡강, 동쪽으로 연해주, 서쪽으로 랴오둥, 남쪽으로 영흥 지방까지 이르렀으며, '해동성국'이라고 불릴 정도였다. 이처럼 한반도 남쪽은 통일신라가 그리고 그 북쪽은 발해가 위치한 7세기 후반부터 10세기 초까지를 '남북국 시대'라 한다.

※ 해동성국(海東盛國) : '바다 동쪽에 있는 강성한 나라'란 뜻으로, 중국 당나라 입장에서 봤을 때 동쪽에 위치해 있기 때문이다.

〈진흥왕 순수비〉 / 보충 설명 8 참고

제11장

나의 죽음을
알리지 마라!

1.
거란, 몽골과의 항쟁

　태조 왕건이 후삼국을 통일하여 고려를 세운 얼마 뒤, 거란은 주위 유목 민족과 발해를 무너뜨리고 고려를 공격하였다. 이에 고려는 뛰어난 외교력과 장수들의 능력으로 나라를 지켜냈다. 고려 후기 몽골의 수차례 침입과정에서는 모두가 한 마음이 되어 싸웠고, 몽골에 항복한 후에도 몽골의 영향에서 벗어나고자 부단히 노력하였다.

(1) 거란의 침입과 강감찬

　당시 한반도 주변에는 고려를 중심으로 송과 거란이 위치하고 있었다. 고려가 송과 가깝게 지내자, 거란은 고려가 자기들과도 교류해 주기를 희망했다. 이에 거란은 광개토대왕이 차지한 옛 땅을 돌려달라는 명분을 내세워 고려를 침략하게 되었다. 그러나 고려는 서희 장군의 뛰어난 외교력으로 993년 거란의 1차 침략을 물리쳤다.

알·아·보·기

거란의 1차 침략을 물리친 서희의 외교력에 대해 알아
보자.

① 침입의 목적	고려와의 교류를 통해 송을 위협하기 위해서 침입
② 서희의 주장	• 대국 거란의 소손녕에게 예를 갖추어라.
	• 고구려의 옛 땅은 거란 땅이다. 그런데 너희 광종은 어찌 여진의 땅을 빼앗아 성을 쌓았느냐? 그 곳도 우리 영토이니 돌려 달라.
	• 송나라와 관계를 정리하고 거란과 손을 잡자.
③ 영토확장	고려가 자기들과 교류를 원하고 있다고 생각한 거란은 압록강 유역의 영토 개발권을 고려에게 주었고, 고려는 이를 계기로 강동 6주를 설치할 수 있었다.

1010년 거란의 2차 침입으로 개경까지 밀린 고려는 왕이 직접 거란에 가서 항복할 거라고 거란군을 속여 물리쳤다. 고려왕의 거짓에 속은 거란은 1018년 압록강을 건너 3차 침입을 하지만 강감찬 장군에게 귀주에서 대패하여 돌아갔다.

알·아·보·기

귀주대첩의 '강감찬' 장군에 대해 알아보자.

① 탄생 신화	
② 탄생 장소	☐☐☐ • 의미 :

③ 유적지

현재 낙성대에는 강감찬 장군을
모시는 사당이 있는데, 그 이름을
'안국사'라 한다. 나라를 위해 목숨
을 아끼지 않은 장군의 삶을 표현
하고 있다.

(2) 몽골의 침입

세 차례에 걸친 거란의 침략을 이겨낸 고려는 이후 안정적으로 나라를 다스릴 수 있었다. 그 결과 이웃 나라는 물론, 심지어 아라비아 상인들과도 교류를 하였다. 그들은 고려를 '코레'로 불렀는데, 오늘날 '코리아'이다.

그러나 이자겸의 난, 묘청의 난에 이은 무신들의 반란과 백성들의 난 등으로 혼란을 겪던 고려와 달리 몽골은 1206년 징기즈칸이 전쟁을 통해 중국은 물론 러시아, 아랍 지역에까지 그 영향력을 떨치고 있었다. 그 즈음 1218년 몽골 사신이 고려에서 피살되는 사건이 일어나자 이를 빌미로 1231년 몽골의 고려 공격이 시작되었다. 고려는 수도를 강화도로 옮기면서 40여 년에 걸친 몽골과의 항쟁에 대비했지만 결국 1270년 몽골과 강화를 맺으면서 끝을 맺게 되었다. 이 기간 고려에서는 일반백성, 승려, 노비 등이 몽골에 대항했으며, 부처의 힘으로 몽골군을 물리치기 위해 팔만대장경을 만들기 시작했다.

알·아·보·기

강화도는 몽골의 침입으로 고려가 수도를 옮긴 곳이다. 현재 이곳에는 당시 몽골군과 싸웠던 진, 보와 돈대 등이 보존되어 있다. 다음에 대해 알아보자.

① 천도의 이유

② 고려 궁궐터	궁궐의 모습은 남아 있지 않고 궁궐터로 추정되는 곳이 있다.	
③ 전적지	□□□□ □□□□은/는 고려가 1232년부터 1270년까지 몽골과의 전쟁에서 강화해협을 지키던 중요한 요새로, 대포 8문이 배치된 포대이다.	□□□ □□□은/는 덕진진, 초지진 등과 강화해협을 지키는 요새이다. 고려는 1233년부터 1270년까지 강화외성을 쌓았는데, 이 성은 흙과 돌을 섞어 만들어졌다.

※ 진과 보 : 군사상 중요한 해안 변방에 설치한 군사주둔 지역. 진>보.
   돈   대 : 적의 움직임을 살피거나 공격에 대비하기 위한 초소.

左: 보충 설명 1 / 中: 보충 설명 2 / 右: 보충 설명 3 참고

　몽골에 항복하는 과정에서 삼별초는 강화도에서 진도 그리고 제주도로 옮겨가면서 끝까지 항전했지만 결국 실패로 끝났다. 이후 몽골의 고려에 대한 내정 간섭은 더욱 심해졌고, 1351년 공민왕이 즉위하면서 몽골의 영향에서 벗어나려 노력하였다.

한국 근현대의 강화도는 1866년과 1871년에 각각 프랑스와 미국에 의해 또다시 공격을 당했다. 이에 대해 알아보자.

① ☐☐ 양요	• 원인 : 조선의 대원군은 서구와의 교류는 물론 새로운 문물마저도 배척하면서 천주교도들에 대한 학살과 탄압을 하였다. • 결과 : • 의의 :
② ☐☐ 양요	• 원인 : 1866년 미군 선박의 통상요구에 평양 주민들이 반대를 하자, 미군이 무력을 행사했으며 이에 주민들이 미군의 선박을 침몰시켰다. • 결과 : 조선의 개항의지가 없음을 알고 미군이 철수했으며, 대원군은 서양과의 화친을 매국 행위로 단정하였다.
③ 전적지	☐☐☐ ☐☐☐

2.
임진왜란과 이순신

　이성계가 조선을 건국한 후, 약 200년 동안 평화롭게 지내 온 조선에 큰 위기가 왔다. 1592년 임진년에 일어난 임진왜란이 바로 그것이다. 당시 일본은 도요토미 히데요시가 100여 년 동안 싸움만 일삼던 지방 영주들을 제압하고 일본을 통일했다. 그러나 도요토미는 영주들이 자신에게 반기를 들지 않을까 늘 걱정이었다. 그래서 영주들의 관심도 돌리고 국력을 모아 영토 확장을 도모하고자 조선을 침략했다.

(1) 전쟁의 발발과 이순신의 역할

　1592년 4월 13일. 신식무기인 조총으로 무장한 일본군은 부산을 시작으로 한 달도 되지 않아 한양을 함락(5월 2일)하고, 두 달 만에 평양성마저 함락(6월 13일)시켰다. 조정에서는 명나라에 도움을 청하고, 선비와 일반 백성 그리고 승려들은 곳곳에서 의병(곽재우, 조헌, 고경명, 정문부, 사명대사 등)을 일으켜 일본군에게 큰 피해를 주었다.

이순신이 이끄는 조선 수군은 육로로 진군하는 병사들에게 식량과 무기를 전해주려는 일본 수군을 옥포, 합포, 적진포, 사천, 당포, 당항포, 율포 해전 등에서 무찔렀다. 이에 일본은 조선 수군을 그대로 두어서는 전쟁의 승리를 장담할 수 없음을 알고, 병력을 부산으로 집중시켜 만반의 준비를 했다. 그러나 1592년 7월 8일 이순신 장군은 한산도 앞 바다에 잠복하고 있다가 학익진의 병술로 일본군을 거의 전멸시켰는데, 이를 '한산도 대첩'이라 한다.

〈이충무공 영정〉

알·아·보·기

임진왜란에서 가장 큰 공적을 세운 3대 대첩은 무엇이며 누구와 관련되어 있을까? 그리고 학익진이란 병술에 대해 알아보자.

① 3대 대첩	☐☐ 대첩(권율), ☐☐☐ 대첩(이순신), ☐☐ 대첩(김시민) ※ 한국의 3대 대첩 살수대첩(을지문덕), 귀주대첩(강감찬), 한산도대첩(이순신)

② 학익진

보충 설명 4 참고

알·아·보·기

당시 조선 수군의 배는 판옥선과 거북선이었으며, 일본
군의 배는 안택선이었다. 이들의 형태와 특징이 전쟁의
승기에 어떤 영향을 주었는지에 대해 알아보자.

	판옥선	거북선	안택선
① 형태			
② 특징			

바닷길이 막혀 식량과 무기 보급에 차질이 생기자 일본은 계획을 바꿔 쌀 생산량이 많은 전라도 지역을 점령하려 진주성을 공격했다. 1592년 10월 5일 진주성을 공격한 일본군은 김시민 장군과 군사들 그리고 백성들의 단결력에 무릎을 꿇고 말았다.

이 시는 임진왜란 중 진주 촉석루에서 왜장을 끌어안고 남강에 몸을 던진 기생 논개의 우국충절을 형상화한 작품이다. 한번 감상해 보자.

	1연	2연	3연
① 내용	거룩한 분노는 종교보다도 깊고 불붙는 정열은 사랑보다도 강하다.	아리땁던 그 아미 높게 흔들리우며 그 석류 속 같은 입술 죽음을 입맞추었네.	흐르는 강물은 길이길이 푸르리니 그대의 꽃다운 혼 어이 아니 붉으랴.
② 감상			
	후렴		
① 내용	아, 강낭콩꽃보다도 더 푸른 그 물결 위에 양귀비꽃보다도 더 붉은 그 마음 흘러라.		
② 감상			

(2) 행주에서의 승리와 이순신 장군의 최후

한편, 명나라는 조선의 지원 요구를 거절할 수가 없었다. 왜냐하면 만약 일본이 전쟁에서 승리를 거두면 그 여세를 몰아 명나라까지 쳐들어올까 걱정이 되었기 때문이다. 그래서 조선 땅에서 전쟁을 끝내려 한 것이다. 명나라 지원군이 도착하면서 전세는 역전되어 조선은 한양을 찾기 위한 대대적인 공세를 펼칠 준비를 했다. 1593년 2월 12일 수적으로 매우 불리한 상황에서 행주산성에 진을 치고 있던 권율 장군은 장수와 군사, 백성, 승려들을 독려하여 성을 지켰으며, 대패한 일본군은 남쪽으로 도망을 쳤다.

알·아·보·기

행주산성의 기록상을 통해 이 전쟁에 참여한 한 계층을 알 수 있다. 행주산성이라는 이름과 관련한 이들의 역할에 대해 알아보자.

① 기록상

② 일화

　조선을 무너뜨릴 수 없음을 안 일본은 전쟁을 끝낸 채 조선을 차지하기 위해 명나라와 3년간의 협상을 했지만 서로의 요구 조건이 맞지 않아 결렬되었다. 일본이 조선이 아닌 명나라와 협상을 벌인 이유는 명나라가 조선의 요구로 전쟁에 참여하고는 있지만 일본이 명나라를 침략할 수 없는 한 더 이상 싸울 생각이 없었기 때문이다.

　1597년 1월. 도요토미는 또다시 병사를 이끌고 조선을 침략하게 되는데, 이 해가 정유년이고 재발했다는 의미로 이를 '정유재란'이라 한다. 이번에도 조선의 수군은 이순신 장군이 명량에서 큰 활약을 펼쳐 승리를 거두었다. 몇 년간의 전쟁을 거치면서 도요토미가 1598년 8월에 죽자 일본군은 후퇴하기 시작했고, 이에 조선 수군은 그 뒤를 쫓아 경상도의 노량 앞바다에서 마지막 전투를 하게 된다. 이 노량해전에서 이순신 장군은 적의 총탄을 맞으면서도 혹여 병사들이 동요할까 자신의 죽음을 알리지 말라 했다.

이순신 장군이 돌아가신 마지막 전투(노량해협)에 대해 알아보자.

① 현재위치	경상남도 남해군 고현면 차면리 산 125
② 유적지	남해 관음포 이충무공 유적
③ 명칭의 의미	• 이락파(李落波) : • 이락사(李落祠) :
④ 명언의 의미	• 戰方急愼勿言我死 :
⑤ 사진	

아래의 한시는 이순신 장군의 작품이다. 한번 감상해보자.	
① 시조	한산섬 달 밝은 밤에 수루(戍樓)에 혼자 앉아 큰 칼 옆에 차고 깊은 시름 하는 차에 어디서 일성호가(一聲胡笳)는 남의 애를 끊나니.
② 감상	

※ 수루는 적의 동정을 살피기 위해 성 위에 만든 누각이란 뜻이고, 일성호가
는 한 가락 오랑캐 소리란 뜻이다.

보충 설명 5 참고

3.
병자호란 남한산성

병자호란의 아픔을 간직하고 있는 남한산성 서문.

임진왜란을 겪은 지 얼마 지나지 않아 북방에서는 여진족이 힘을 키워 후금을 세웠다. 후금은 중국 명나라와 전쟁을 벌이게 되었는데, 명은 임진왜란 때 조선을 도와준 것에 대한 보답으로 조선에 원군을 요청하였다. 그러나 조선의 광해군은 출군은 하되 전쟁이 일어나자 곧바로 항복해 조선군의 피해를 막았다. 이를 중립외교 또는 실리외교라고도 한다.

그러나 광해군이 폐위(왕의 자리에서 쫓겨남)되고, 명나라 편에 있던 인조가 임금 자리에 오르면서 조선의 외교노선은 금과 정면으로 대립하게 되었다. 이에 후금은 1627년 조선을 공격하였고, 조선은 금을 형의 나라로 섬기게 되는 '형제지의'를 맺게 되었다. 이를 '정묘호란'이라 하는데, 1627년 정묘년에 오랑캐가 일으킨 전쟁이라는 의미이다.

알·아·보·기

광해군은 누구의 아들이며, 왜 폐위되었는지에 대해 알아보자.

① 선조 아들	아들이 없던 선조는 후궁에게서 얻은 광해군을 세자로 정하였고, 그 후 중전이 영창대군을 낳았다. 비록 후궁의 자식이었지만 세자였고, 능력 또한 인정받아 광해군이 왕위에 올랐다.
② 인조반정	광해군은 늘 영창대군이 마음에 걸렸다. 혹시 영창대군을 왕으로 세우지 않을까 해서였다. 그때 대군을 왕으로 세우기 위한 음모가 발각되어 외할아버지와 대군은 귀양지에서 죽고 만다. 인목대비마저 쫓겨나 덕수궁에 갇히게 된다. 결국 어머니와 동생을 내치게 된 꼴이 되었다. 이에 불만을 품은 세력들이 광해군을 폐하고 인조를 왕위에 세우는데, 이를 인조반정이라 한다.

후금이 나라 이름을 '청'으로 바꾸고, 조선에 대해 '군신지의'의 관계를 요구하자, 조선에서는 이 기회에 후금을 공격해 임진왜란 때 도움을 준 명에 은혜를 갚아야 한다는 척화론이 대두되었다. 그러자 후금은 대군을 이끌고 1636년 12월 조선을 침략하였고, 이들을 피해 남한산성에서 항거하던 인조는 결국 삼전도에서 항복을 한다. 병자호란은 청의 승리로 끝났고, 청은 조선을 견제하기 위해 소현세자와 봉림대군 두 왕자를 포로로 삼았다.

알·아·보·기

병자호란의 생생한 역사는 남한산성에서 확인할 수 있다. 다음은 병자호란 당시 어떠한 역할을 하는 곳이었는지 알아보자.

① 수어장대

② 침괘정	
	'枕戈'(침과)란 '창을 베개 삼는다'는 뜻이다. 침괘정으로 통용되고 있으나 '침과정'이 옳다. '戈'는 '괘'로 읽히지 않기 때문이다. 그러나 현지의 호칭대로 적는 지명관례상 '침괘정'이라 한다. 군기 제작소이다.
③ 연무관	

| ④ 매바위 |  |

남한산성 서남쪽 축조 책임자였던 이회가 모함으로 죽기 전에 "내가 죽는 순간 매가 날아오면 무죄이고 매가 날아오지 않으면 내 죄다"라고 했는데, 그가 죽을 때 매가 날아와 이회의 죽음을 바라보았다는 전설의 바위이다.

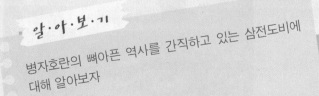

알·아·보·기

병자호란의 뼈아픈 역사를 간직하고 있는 삼전도비에 대해 알아보자

① 정의	
② 위치	서울시 송파구 잠실동 47번지(당시 경기도 산전도)

③ 사진

4.
일본의 제국주의와 항일 독립운동

병인양요와 신미양요를 거치면서 한국은 서양과의 교류를 전면으로 거부하게 되었고, 그 사이 서구와 문호를 개방한 일본은 빠른 근대화를 맞이하게 되었다. 그 후, 일본은 조선의 지배권을 놓고 청·일 전쟁(1894)과 러·일 전쟁(1904)을 일으켜 조선 침략의 발판을 마련하게 되었다.

알·아·보·기

청일전쟁 당시의 청과 일의 상황과 전쟁의 발발 원인
그리고 결과에 대해 알아보자.

① 상황	청은 임오군란과 갑신정변으로 조선에서 세력이 강해졌다. 일은 조선과 청의 관계를 경계하여 청과 텐진조약을 맺었다.
② 원인	

③ 결과	일은 조선의 내정을 간섭하고 직접적인 침략 의도를 드러냈으며, 청과 전쟁을 일으켜 승리하게 되었다.

※ 톈진조약(1885)은 중국 톈진에서 청과 여러 나라가 맺은 조약을 총칭한다. 이 중, 청과 일은 조선에서 양국 군대를 철수하고, 한 나라가 군대를 파견하면 다른 나라에도 알린다는 등의 조약이 있었다.

※ 동학농민운동(1894)은 탐관오리인 조병갑에 항거한 전봉준의 운동으로 시작되었다. 조선의 요청으로 청이 개입하고, 일본 역시 군대를 파견하자, 폐정개혁안 14조를 결의한 후 해산하였다. 그러나 청일전쟁 이후 일본의 조선에 대한 내정 간섭이 더욱 심해지자 또 다시 농민운동이 일어나지만 실패로 끝나고 만다. 결국 이는 관리들의 부패와 외세의 침략에 대항한 농민 중심의 된 민족운동이라는 의의를 남겼다.

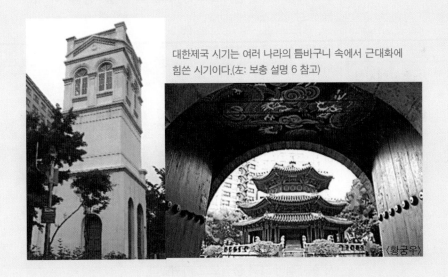

대한제국 시기는 여러 나라의 틈바구니 속에서 근대화에 힘쓴 시기이다.(左: 보충 설명 6 참고)

〈황궁우〉

한편, 명성황후의 친러 정책으로 일본의 세력이 약해지자, 일본은 을미사변(1895)을 일으켰다. 변을 피해 아관파천했던 고종은 1897년 경운궁으로 돌아와 우리가 자주독립국가임을 알리는 대한제국 선포식을 환구단에서 올렸다. 그리고 자주적 근대화를 위해 산업과 기술발전에 힘을 기울였으며 인재양성을 위해 근대학교도 세웠다.

알·아·보·기

다음은 대한제국 시기의 근대화의 노력으로 들어오거나 설치된 것들이다. 이에 대해 알아보자.

① 산업	전기는 궁궐에 처음으로 들어왔고, 경복궁에서 전기로 불을 밝히는 것이 왕실의 공식 행사가 되기도 했다. 전화는 궁중용으로 처음 설치되었고, 이후 서울과 인천 사이에 개통되었다. 전차도 비슷한 시기에 서울의 중심지에 처음 등장하였다.
② 근대시설	근대적 신문을 발간한 곳은? ☐☐☐ 화폐를 만들었던 곳은? ☐☐☐ 근대적 무기를 만들던 곳은? ☐☐☐ 최초의 근대식 병원은? ☐☐☐
③ 근대교육	한국 최초의 근대적 사립학교인 ☐☐☐☐ 을/를 포함하여 최초의 근대적 관립학교인 ☐☐☐☐ 도 세워졌다. 또 정부는 소학교, 중학교 등 각종 관립학교를 세워 인재 양성에 힘썼고, 애국지사와 애국 단체는 사립학교를 세워 민족 교육 운동을 전개했다. 개신교 선교사들은 선교를 목적으로 근대 학문을 교육하였다. 신분에 상관없이 누구나 학교에 들어올 자격이 있었다. 전통적인 유교 중심의 공부에서 실용적인 과목 중심으로 바뀌었다.

일본은 러·일전쟁(1904)에서 승리하고 1905년 강제로 을사조약을 체결하게 하여 우리나라의 외교권을 박탈하였다. 이에 우리는 1907년 헤이그 특사를 파견하여 을사조약의 부당함을 세계에 알리려 했다. 그러나 오히려 일본은 이를 빌미로 삼아 고종을 강제로 퇴위시키고 군대까지 해산을 시켰다. 이후 1910년에 한민족은 주권을 빼앗기고 36년간 일본의 지배를 받게 되었다.

알·아·보·기

일제 식민지에 행해졌던 경제 수탈 정책의 이유와 과정 그리고 결과에 대해 알아보자.

① 토지조사사업	이유	
	과정	신고된 토지는 철저하게 토지세를 매기고, 신고되지 않은 토지는 동양척식주식회사에 넘겼다.
	결과	
② 산미증식계획	이유	
	과정	저수지와 물길을 만들게 하고, 공사비를 농민들에게 떠넘겼다. 그리고 새로운 품종을 심고, 많은 비료를 사용하였다.
	결과	

③ 회사 허가제	이유	
	과정	일본인들이 투자할 여유가 없을 때에는 허가를 받게 하였고, 여유가 생기자 자유롭게 회사를 세우게 하였다.
	결과	

그러나 이러한 일제의 탄압에도 한민족은 나라의 주권을 되찾고, 독립을 위한 투쟁을 계속 전개해 나갔다. 항일 의병 운동과 애국 계몽 운동이 그 대표적 사례이다.

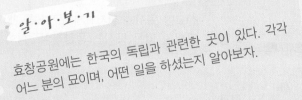

알·아·보·기

효창공원에는 한국의 독립과 관련한 곳이 있다. 각각 어느 분의 묘이며, 어떤 일을 하셨는지 알아보자.

① □□□	② □□□

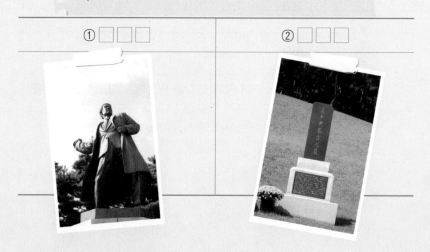

③ ☐☐☐

④ ☐☐☐

⑤ ☐☐☐ (義烈詞)

보충 설명 7 참고

⑥ 백범 ☐☐

　지식인들은 교육을 통해 나라의 힘을 키우고 민족정신을 기르기 위해 사립학교를 세웠다. 보성(이용익), 양정(엄주익), 오산(이승훈), 대성학교(안창호) 등이 대표적이다. 그리고 신민회는 언론 활동을 통해 민족의 힘을 기르고자 했다.

　일제는 여러 방법으로 한민족의 독립 투쟁을 탄압하였는데, 그 역사적 현장이 서대문 형무소에 남아 있다.

서대문 형무소에 전시되어 있는 것을 보고 느낀 점을 써 보자.

① 본 것

② 느낀 점

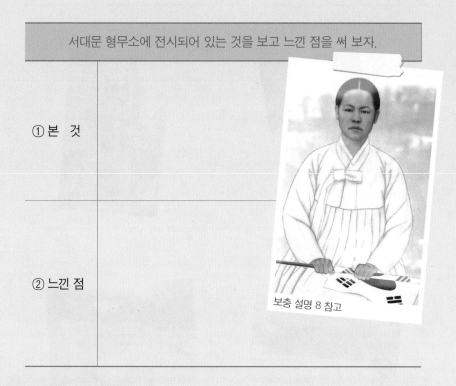

보충 설명 8 참고

항일 독립 투쟁의 상징인 서대문 형무소.

항일 비밀단체인 신민회는 1911년 105인 사건으로 탄압을 받게 된다. 이에 대해 알아보자.

① 원인	1910년 안중근의 사촌인 안명근(安明根)이 북간도를 중심으로 무장투쟁을 계획하며 군자금을 모으다가 탄로 난 '안명근사건'이 일어났다.
② 구실	안명근 사건을 계기로 일제는 우리의 민족해방 운동을 탄압하기 위한 구실을 만드는데, 신민회의 민족주의자들이 데라우치 마사타케[寺內正毅] 총독의 암살을 기도했다고 날조한다.
③ 결과	신민회원 6백여 명을 검거하여, 이 중 105명을 기소하였다.

일본이 제2차 세계대전에서 패망하자, 미·소 양국은 1945년 9월 2일, 북위 38도선을 경계로 하여 한반도를 남과 북으로 분할하여 점령하게 되었다. 1945년 12월 16일, 모스크바 3상회의(미국-영국-소련)가 열렸는데, 주제는 한반도의 신탁통치였다. 이에 남한은 반대를 하였으나, 북한은 찬성을 하여 민족 간의 갈등이 심화되었다. 수차례 남·북이 통일 협상을 했음에도 불구하고, 민족 간의 의견 일치를 이루지 못하였다. 그 결과 1948년 8월 15일 남한에서는 '대한민국정부'가 수립되었으며, 같은 해 9월 9일 북한에서는 '조선민주주의인민공화국'이 수립되었다.

제12장

국보1호와 보물1호는
무엇일까?

한국의 세계문화유산

⊙ 문화유산이란?

인간은 다양한 문화 활동을 한다. 이를 통해 많은 것들을 창조하는데, 그 중 특별한 가치가 있는 것들을 문화재라 한다. 이에는 유형, 무형, 민속, 천연기념물, 사적, 명승지 등이 포함된다. 이들 문화재를 국보와 보물로 구분하는 기준은 무엇일까?

	각자의 정의	문화재 보호법의 정의
① 국보		

〈남대문〉

② 보물	 〈동대문〉
③ 지정번호	

　문화재는 어느 하나 소중하지 않은 것이 없는데, 그 중에서 세계적으로 보호할 만한 가치가 있는 것을 '세계문화유산'으로 정해 보호하고 있다. 이와 관련한 협약이 1972년 유네스코 총회에서 정해졌다. 2012년 현재 유네스코에 등록된 한국의 세계문화유산에는 어떤 것들이 있는지 알아보자.

	세계문화유산	기록유산	무형유산	자연유산
①				
②				
③				
·				
·				
·				
·				

1.
석굴암, 불국사

신라는 삼국(고구려, 백제, 신라) 중 힘이 가장 약했지만 당나라와 힘을 합쳐 백제와 고구려를 차례로 멸망시켰다. 그리고 당나라마저 물리쳐 통일 신라 시대를 맞이하게 되었다. 튼튼한 국력 아래, 통일 신라는 찬란한 불교문화를 꽃피울 수 있었으며, 이 때 만들어진 석굴암과 불국사는 1995년 12월 세계문화유산으로 등재되었다.

〈석굴암 본존불상〉

신라의 찬란한 불교문화를 엿볼 수 있는 석굴암과 불국사.

	한자명	의미
① 석굴암	石窟庵	
② 불국사	佛國寺	

석굴암은 그 명칭에서 짐작할 수 있듯이 돌(화강암)을 파내고 그 안에 본존불상을 모신 절이다. 다른 나라의 석굴이 모두 동굴인 점을 감안할 때, 그 문화적 가치는 뛰어나다. 화강암을 다듬어 석굴을 만들고 본존불상을 조각했음은 당시 신라인들이 건축, 수리, 기하학 등과 같은 고도의 기술을 지니고 있었음을 보여준다. 석굴암은 이러한 기술과 더불어 종교, 예술이 총체적으로 실현된 유산이다.

불국사는 토함산 기슭에 자리한 사찰로 석굴암과 더불어 신라 불교 문화를 상징하는 곳이다. 서기 751년 경덕왕 때 김대성이 창건한 것으로 알려져 있으며, 절로 올라가는 석조물 다리가 유명하다. 2단으로 구성된 두 개의 다리 중 서쪽에 연화교와 칠보교가 있으며, 동쪽에 33계단으로 된 청운교와 백운교가 있다.

신라 불교문화를 상징하는 불국사의 칠보교·연화교, 백운교·청운교.

	칠보교	백운교16	
	연화교	청운교17	33계단

	칠보교/연화교	백운교/청운교
① 기능	깨달음을 얻은 사람이 건넘	사람과 부처를 이어줌
② 특징	연화교는 층계마다 연꽃을 새김	33단은 부처의 세계를 상징

불국사에 있는 많은 보물 중 대웅전 앞뜰에 두 개의 탑이 서로 마주하고 있다. 특별한 장식이 없는 단순한 모양의 탑이 석가탑이며, 상대적으로 장식이 많아 복잡해 보이는 것이 다보탑이다. 이는 현재의 부처(석가)와 과거의 부처(다보)를 의미하기도 한다. 다보탑과 석가탑은 '아사달과 아사녀'의 이야기로 더 유명하다.

불국사의 석가탑과 다보탑.

아사달과 아사녀

2.
해인사 장경판전

    고려는 대장경을 목판에 새기는 일을 하였다. 당시 불교는 높은 수준의 철학으로 자리매김 하고 있었기에 이 일은 문화 발달의 상징이었다. 또한 이는 나라와 백성의 평안을 기원하는 것이기도 했다. 1011년부터 만들기 시작해 70년이 지나 대장경을 완성하였는데, 이것이 '초조대장경'이다. 그러나 1232년 몽골의 침략으로 그만 불에 타버리고 말았다. 하지만 고려인들은 전쟁에서 승리하기를 부처님께 기원하는 마음으로 다시 한번 대장경을 만들었다. 이를 '고려대장경'이라 한다.

> 고려대장경은 고려 시대의 대장경이라는 의미이다. 그런데 오늘날 우리는 이를 '팔만대장경'으로 더 많이 알고 있다. 이는 '_____'라는 뜻이다.

팔만대장경에 대해 알아보자.

① 가치	국보 32호. 세계기록유산
② 제작 시기	
③ 제작자	

　두 번에 걸쳐 다시 새긴 대장경이 목판인 관계로 나무가 뒤틀리지 않도록 보관하는 일이 큰 일이었다. 공기가 잘 통하고 습도가 조절되도록 장경판전을 지었는데, 수백 년이 지난 오늘날까지 조금의 훼손도 없이 대장경을 잘 보존하고 있다. 15세기에 지은 장경판전은 보존 과학의 소산물로 높이 평가 받아, 1995년 12월에 세계문화유산으로 등재되었다.

보존과학의 소산물로 높이 평가받는 장경판전.

3.
종묘

　일반 사람들은 제삿날 돌아가신 분의 신위를 집에 모시고 제를 지낸다. 그러나 조선시대 왕과 왕비들의 제례는 이들의 신위를 모셔 두고 의례를 행하는 곳을 따로 설치해 관리하고 있다. 이 곳이 바로 종묘이다. 즉 종묘는 조선시대 역대 왕과 왕비의 신위를 모셔 제사 지내는 국가 최고의 사당인 것이다. 따라서 대부분의 종묘 건물들은 제사를 지내는 공간과 준비하는 공간을 구분한다. 종묘의 건축물은 600여 년 지속되어 온 제례행사의 가치를 인정받아 1995년에 세계문화유산으로 등록되었다. 이러한 건물 중 중심되는 건물은 신위를 모시는 정전과 영녕전이다.

	정전	영녕전
① 문화재 가치	국보 227	보물 821

② 건물의 구조	정면 19칸, 측면 3칸, 맞배지붕	정면 16칸, 측면 4칸
③ 모시는 신위		

종묘의 정전과 영녕전.

〈종묘제례 어가행렬〉

한편, 종묘제례와 종묘제례악은 중요 무형문화재로 보존하고 있으며, 이 또한 역사적 가치를 인정받아 2001년 유네스코 인류 구전 및 무형유산으로 등록되었다.(매년 5월 첫째주 일요일에 어가행렬에 이어 거행된다.)

"전하, 종묘사직을 굳건히 하시옵소서."		
"전하 종묘사직을 지키십시오."		

① 의미		왕실과 나라를 통틀어 이르는 말
② 사직(단)에 대해 알아보자.	위치	서울 종로구 사직동 1-28
	의미	• 국사단 : • 국직단 :
	기능	기우제, 기곡제 등
	공원배경	일본인들은 우리나라의 사직을 끊고 우리 민족을 업신여기기 위하여 사직단의 격을 낮추고 공원으로 삼았다.

조선 제일의 궁궐(법궁, 정궁)은 1392년 조선 건국과 함께 세워진 경복궁이다. 얼마 지나지 않아 태종은 태종 5년(1405)에 두 번째 궁궐인 창덕궁을 지었다. 창덕궁은 왕이 경복궁을 떠나 있을 때 머물렀다 하여 '이궁'이라 하기도 하며, 경복궁의 동쪽에 있다 하여 '동궁'이라고도 한다.

금천교를 지나 있는 진선문과 인정문 앞의 넓은 마당.(左: 보충 설명 1 참고)

경복궁과 창덕궁이 1592년 임진왜란으로 모두 불에 타자, 1610년 창덕
궁만을 재건하였다. 이때부터 경복궁이 재건되는 1865년까지 조선을 대
표하는 정궁의 역할을 하게 되었다. 창덕궁의 주요 전각인 인정전, 선정
전, 희정당, 대조전 등과 후원은 빼어난 조형미로 주변 자연과의 조화를
이루고, 비교적 원형을 간직하고 있어 1997년에 세계문화유산으로 등재
되었다.

5.
수원 화성

조선 22대 왕인 정조는 1796년 아버지 사도세자의 능을 수원 하산(현
룡원)으로 옮기면서 그 곳 주민들을 팔달산 아래로 이주시키고 성을 쌓았
다. 이것이 1997년 세계문화유산으로 등재된 수원 화성이다. 화성 건립의
표면적 이유는 아들의 아버지에 대한 효심이었다. 그러나 그 이면적 이유
는 왕권 강화를 위한 정치개혁이었다. 당시 한양에는 정조의 개혁을 반대
하는 세력들이 많아 신도시 건립이 필요했기 때문이다.

'화성성역의궤'에 따라 복원된 수원 화성.

　　수원 화성은 다른 성곽처럼 백성들이 평시에 거주하는 읍성과 전시에 피난하는 산성으로 분리 건축하지 않고, 읍성의 방어력을 강화시킴으로써 산성의 기능도 갖추었다. 이는 약 6km에 달하는 성벽에 4개의 성문과 여러 군사 시설을 갖추고 있다는 점에서 알 수 있다. 정조는 화성을 중심으로 새 길을 만들어 이곳을 국내, 국제 무역의 중심지로 키우려 했다. 따라서 화성은 상업적 기능과 군사적 기능을 두루 갖춘 건축물이라는 가치를 지니고 있다. 이 외에 산성과 토성의 장점만을 살린 독창적 축성술, 새로운 건축 재료(벽돌)와 도구의 이용은 수원 화성의 문화적 가치를 높인다.

알·아·보·기

화성 건축에 도움을 준 사람 중에 실학자가 많았는데, 정약용 또한 그 중 한 사람이다. 정약용은 화성 건축에 어떠한 도움을 주었는지 알아보자.

① 역할	
② ▢▢▢▢▢▢	성의 형태는 물론 성을 쌓는 방법과 재료까지 자세히 기록으로 남겼다. 성을 쌓으면서 만들었던 돌의 크기나 돌을 깎는 방법, 또 벽돌을 만드는 방법과 가마에서 굽는 방법 등 화성을 짓는 모든 것을 누구나 알아보기 쉽게 글과 그림으로 남겼다.

③ 도구 제작	• 명칭 : • 기능 :

6.
경주역사유적지구

　　삼국 중 신라는 경주를 중심으로 찬란한 문화의 꽃을 피웠다. 현재 경주에는 신라 천 년의 역사를 확인할 수 있는 여러 유적지가 남아 있다. 남산지구, 월성지구, 대능원지구, 황룡사지구, 산성지구로 이루어져 있으며, 이곳을 중심으로 다양한 건축물과 유적 및 기념물들이 펼쳐져 있다. 경주역사유적지구는 2000년에 세계문화유산이 되었다.

알·아·보·기

경주역사유적은 각 지구별로 어떤 특징을 지니고 있으며, 대표적인 유적이 무엇인지 알아보자.

	문화재의 특징	대표적 문화재
남산지구	남산의 불교 유적	마애석불, 석불 좌상 및 석탑 등

월성지구	신라 왕조의 궁궐터 유적	계림, 첨성대
대능원지구	신라 왕·왕비·귀족들의 고분군	천마총
황룡사지구	황룡사 유적	황룡사 터, 분황사 석탑
산성지구	왕경(王京)을 지키는 산성 유적	명활산성

보충 설명 2 참고

다음 설명에 해당하는 문화재의 이름과 그 모습을 찾아 연결해보자

①☐☐☐	1. 동양에서 가장 오래된 천문대(국보 31호) 2. 선덕여왕 3. 별을 보면서 나랏일을 점치고 결정했으며, 농사를 짓기 위해 날씨의 변화를 알기 위해 지음
②☐☐☐	1. 신라 시대의 무덤 2. 하늘을 나는 말의 그림(천마도) 출토 3. 금관, 금모자, 금허리띠 수많은 유물 출토

③ ☐☐☐☐☐
1. 신라 석탑 중 현존하는 가장 오래됨
2. 모전석탑(벽돌을 쌓은 탑)
3. 9층이었으나 현재 3층만 있음
4. 석탑 1층 4면에 인왕상
   (절, 불상을 지키는 수호신) 조각이 있음
5. 석탑의 네 귀퉁이에 사자상이 서 있음
   (암사자 2, 숫사자2)

(③)	(②)	(①)
☐☐☐☐☐	☐☐☐	☐☐☐

1.
고인돌 유적

고인돌은 청동기 시대의 대표적인 무덤이다. 기둥 돌 위에 큰 돌을 얹은 모양인데 사진 〈1〉처럼 납작한 기둥 위에 큰 돌을 올린 바둑판 모양과 사진 〈2〉처럼 크고 긴 기둥 돌 위에 큰 돌을 올린 탁자 모양으로 나타난다.(탁자형 중에는 4-5개의 낮은 기둥 돌로 윗돌을 받치는 형태도 보인다.)

바둑판 모양과 탁자 모양의 고인돌.

고인돌은 하천 유역의 대지나 구릉, 산 등에 분포해 있다. 지역 지도자의 힘에 따라 크기가 다양하게 나타나 당시의 사회상(고조선의 팔조법을 생각해 보라.)을 생생하게 보여준다. 한국은 한반도 전역에 약 15,000 내지 20,000기가 분포하고 있어 '고인돌의 나라'라 불리어진다. 특히 고창, 화순, 강화 지역의 고인돌은 선사시대의 귀중한 자료로 그 가치를 인정받아 2000년 세계문화유산으로 등재되었다.

고인돌은 지역 차이에 따라 달리 불리어지는데 그 이칭에는 어떤 것이 있을까?

(1) 한국, 일본 :

(2) 중국 :

(3) 유럽 등 :

남한의 고인돌 중 탁자식으로 그 규모가 가장 큰 것은 어디에 있을까?

강화도 부근리 고인돌이며, 장변 6.5m, 단변 5.2m, 두께 1.2m, 지상고 2.6m의 규모이고, 받침돌은 판석을 사용

8.
조선 왕릉

조선 왕조는 519년이란 긴 시간 동안 '종묘, 창덕궁, 수원 화성'을 포함한 귀중한 문화유산을 많이 남겼다. 2009년에는 조선 시대 왕실의 무덤인 왕릉이 역사적, 문화적 가치를 인정받아 유네스코 세계문화유산으로 등재되었다.

조선 왕릉은 배산임수라는 한국인의 자연 조화적 생활공간을 따랐으며, 그 구조는 유교적인 예법에 따라 '진입 공간 - 제향 공간 - 능침 공간'

보충 설명 3 참고

으로 나눌 수 있다. 즉 풍수와 유교라는 한국인의 세계관이 녹아 있는 장묘문화의 한 예로 왕실 장례와 제례 문화를 간직하고 있는 곳이다.

(1) 다음은 왕릉에서 볼 수 있는 것들이다. 이들의 상징
적 의미와 그 내용에 대해 알아보자.

① 금천교	
② 홍살문	
③ 참 도	
④ 수라간	
⑤ 수복방	
⑥ 정자각	

보충 설명 4 참고

보충 설명 5 참고

보충 설명 6 참고

(2) 다음은 왕릉에서 볼 수 있는 것들이다. 이들의 상징적 의미와 그 내용에 대해 알아보자.

---

⑦ □□□, □□□

왕의 능 앞에 위치한 것으로 □□□ 은/는 왕을 호위하는 무관을 형상화한 것이다. 즉 군사력을 지휘할 수 있다는 의미로 다른 양반의 능에서는 사용할 수 없다. 이는 곧 반란을 상징하는 것이기 때문이다. □□□ 은/는 문인을 형상화한 것으로 두 손에 왕명에 복종한다는 의미의 홀을 들고 있다.

※ 홀(笏): 조선시대, 벼슬아치가 임금을 만날 때에 손에 쥐던 물건이다.

9.
한국의 역사마을: 하회와 양동

안동 하회마을과 경주 양동마을은 2010년 7월 '한국의 역사마을 : 하회와 양동'으로 유네스코 세계문화유산이 되었다. 경상북도 안동시 풍천면 하회리에 위치한 하회마을은 류성룡으로 유명한 풍산 류씨(柳氏)의 씨족 마을이다. 임진왜란의 피해도 겪지 않아 민속적 전통과 건축물이 잘 보존되어 있다. 경주시 강동면 양동리에 위치한 양동마을은 경주 손씨와 여강 이씨 가문의 마을로 양반 가옥과 초가 160호가 집중되어 있다. 두 마을 모두 조선 시대의 대표적인 민속마을로, 당시 한국인의 생활상(유교를 기반으로 하는 양반문화와 주거문화)과 다양한 무형유산들이 전해 내려온다.

안동 하회마을이 위치한 지형적 특징과 안동을 대표하
는 하회탈춤에 대해 알아보자.

① 지형적 특징	하회(河回), 말 그대로 물이 돌아간다는 뜻이다. 낙동강 줄기가 마을을 휘감아 S자로 흐르며, 산들이 병풍처럼 마을을 둘러싸고 있다. 물도리동이라고도 불리는 하회마을은 연화부수형으로 마치 연꽃이 물위에서 꽃을 피운 듯한 형상이다.
② 하 회 탈 춤	

제1장

1. 두물머리(兩水里) : 경기도 양평군 양서면에 위치한 두물머리는 금강산에서 흘러내린 북한강과 강원도 금대봉 기슭 검룡소에서 발원한 남한강의 두 물이 합쳐지는 곳이다.

2. 천도교 중앙대교당 : 서울 종로구 경운동에 있으며, 1921년 2월에 준공된 건물이다. 서울유형문화재 제36호 지정되었다.

3. 헌법재판소 : 서울 종로구 재동에 위치하여, 국가의 헌법에 관한 분쟁 등을 해결하는 특별 재판소이다.

4. 반가사유상 : 석가모니가 태자였을 때, 인생의 덧없음을 사유하던 모습에서 비롯된 상이다. 입가의 미소, 살아 숨쉬는 듯한 표정, 부드러운 옷주름, 상·하체의 조화, 손과 발의 섬세하고 미묘한 움직임 등이 이상적으로 표현된 동양불교 조각사의 기념비적 작품이다. 국보 83호이다.(중박 201202-786)

5. 월정사 팔각 구층석탑 : 강원도 평창군 진부면 오대산의 월정사에 있는 고려시대의 석탑으로, 국보 제48호로 지정되어 있다.

• 해초 한우 : 해남군청 제공

제2장

• 설악산 단풍 : 설악산 국립공원사무소 협조
• 남이섬 설경 : 남이섬 협조
• 월드컵 경기장 : 서울시 제공
• 5만 원 권 지폐 : 한국은행 협조

제3장

• 김장 : 가천대 신문사 협조
• 북촌 한옥마을 : 서울시 제공

제4장

1. 삼신상 : 삼신에게 드리는 상차림이다.

2. 터주굿 : 집안의 안녕을 위하여 집터를 지켜주는 터주에게 올리는 의례이다.

• 태백산 천신제(1,2) : 태백시 협조
• 단오제(1,2,3) : 강릉단오보존회 협조

제5장

1. **선바위** : 서울시 인왕산 서쪽 기슭에
   있는 두 개의 거석이다. 마치 중이 장
   삼을 입고 서 있는 것 같아서 '禪(선)'
   자를 따서 선바위라 한다. 서울시 민속
   자료 제4호로 지정되었다.

2. **고인돌** : 한국 청동기 시대의 대표적
   무덤 양식이다. 성남시 분당구 수내동
   분당중앙공원 내에 위치하고 있다.

3. **문무대왕릉** : 경주시에 있는 문무왕
   의 무덤으로 수중릉이다. 『삼국사기』
   에 왕이 죽으면서 불교식 장례에 따라
   화장하고 동해에 묻으면 용이 되어 동
   해로 침입하는 왜구를 막겠다는 유언
   을 남겼다고 한다.

4. **백제초기 적석총** : 초기 백제시대의
   돌무덤으로, 서울시 송파구 석촌동 77
   번지에 위치하고 있다. 인근 방이동에
   백제고분군도 자리잡고 있다.

5. **농악** : 집단 노동이나 명절 때 흥을
   돋우기 위한 음악이다.

- 전통 제례(1) : 안동시 협조
- 단오행사(1, 2) : 서울시 제공

제6장

1. **한림별곡** : 무신 정권 시절, 벼슬에서
   물러난 문인들의 풍유적, 향락적 생활
   을 읊은 노래이다. 경기체가의 시초 작
   품으로 모두 8장으로 이루어져 있다.

2. **추천사** : 고전 소설 '춘향전'을 모티브
   로 한 작품으로, 춘향이 향단과 그네
   를 타면서 독백을 하는 형식을 취하고
   있다.

- 강강술래 : 해남군청 제공

제7장

1. **KBS 위대한 여정, 한국어** : 2004년
   KBS에서 10월 9, 10, 17일 방송한 한국
   어 관련 3부작의 특별기획 프로그램이
   다. 제1부 '말의 탄생-산과 바다를 너
   머', 제2부 '말은 민족을 낳고', 제3부 '말
   의 길–한국어의 선택'으로 방영되었다.

2. **KBS 위대한 여정, 한국어** : 알타이족
   의 이동경로를 나타내고 있다.

제8장

1. **삼국유사** : 고려 승려 일연이 지은 삼
   국 관련의 역사 서적이다. 신라 향가
   14수와 고조선 단군신화의 내용이 전
   해 내려온다.

2. **앙부일구** : 세종 16년(1434)에 만든 것으로 해시계라고도 한다. 보물 제 845호이다.

3. **혼천의** : 천체의 운행과 위치를 측정 하는 기구이다. 삼국시대 이후 사용된 것으로 추정되나, 세종 15년(1433)에 제작된 기록이 남아 있다.

4. **측우기** : 강우량을 측정하는 기구로, 세종 23년(1441) 장영실이 발명하였다. 현재 5월 19일 발명의 날은 세계 최초 측우기의 발명을 기념하기 위해 정해진 날이다.

5. **월인천강지곡** : 훈민정음으로 기록된 불교의 찬가(讚歌)로 1449년 세종이 지었다. 현재 보물 제398호로 지정되 어 있다.

6. **훈민정음 언해본** : '훈민정음'의 해설 서인 『훈민정음 해례본』은 한문으로 기록되어 있다. 이를 한글로 풀이한 것 이 언해본이다.

제9장

1. **서편제** : 판소리 창법상의 한 유파로, 섬진강의 서쪽 지역에서 많이 불려 서 편제라 한다. 가락이 부드러우며 애절 하다. 대조적 유파에 동편제가 있다.

2. **판소리** : 민속악으로 광대의 소리와 대사로 이루어진다.

제10장

1. **참성단** : 단군이 하늘에 제사를 올리 기 위해 강화도 마니산에 쌓은 제단이 다. 일제 시대 대종교가 생기고 난 이 후에 민족의 성지로 주목받았다. 현재 도 제천행사(개천절)를 거행하며, 각종 체전의 성화는 이곳에서 태양열을 이 용하여 붙이고 있다.(강화군청 제공)

2. **수렵도** : 고구려 무용총에서 발견된 것으로, 말을 타고 화살을 쏘거나 사 냥을 하는 장면을 묘사한 그림이다. 고 구려인의 힘찬 기상을 느낄 수 있다.

3. **공산성** : 충청남도 공주시 산성동에 위치한 것으로, 백제가 수도를 공주로 옮기면서 쌓은 성이다. 475년부터 538 까지의 백제 산성이다.

4. **계백** : 백제 말기의 장군으로, 황산벌 에서 나·당연합군(신라의 김유신 장 군)에 맞서 싸우다가 전사하였다.

5. **양산재** : 경상북도 경주시 탑동에 있 는 사당이다. 신라 건국 이전 서라벌에 있었던 6부 촌장의 위패를 봉안하고 제사를 지내는 곳이다.

6. **알영정** : 신라 박혁거세의 왕비 알영부인(閼英夫人)의 탄생지라고 전하는, 경주시 탑동 오릉에 있는 우물이다.

7. **김유신 묘** : 경북 경주시 충효동에 있는 김유신 장군의 묘는 왕릉에 버금가는 또는 그 이상의 거대함이 있다. 삼국 통일의 일등 공신인 이유 때문이다.

8. **진흥왕 순수비** : 신라 진흥왕이 한강 유역을 영토로 편입한 뒤 북한산에 세운 기념비이다. 비(碑)의 보존을 위해 국립중앙박물관에 보관하고 있다.(중박201202-786)

• 국립중앙박물관 제공 : 주먹도끼(중박201202-786), 요령식 동검(중박201202-786), 한국식 동검(중박201202-786)
• 중원고구려비 : 문화재청

제11장

1. **강화 고려궁지** : 1232년(고려 고종 19) 몽골의 침입에 대항하기 위하여 강화로 수도를 옮긴 후 1270년(원종 11) 개성으로 환도할 때까지 39년 동안의 왕궁터이다. 현재 그 터만 남아 있다.

2. **갑곶돈대 대포** : 갑곶돈대는 고려가 도읍을 강화도로 옮긴 후 몽골과 싸울 때의 외성으로, 강화해협을 지키던 중

요한 요새였다. 이 때 사용했던 대포가 전시되어 있다.

3. **광성보** : 강화 12진보 가운데 하나로, 인천시 강화군 불은면 덕성리에 위치한다. 1871년(고종 8)의 신미양요 때 가장 치열한 격전지였다.

4. **행주산성 대첩비 및 비각** : 경기 고양시 덕양구 덕양산 정상에 있는 비이다. 임진왜란 당시 권율 장군이 행주산성에서 왜병을 크게 무찌른 행주대첩의 승전을 기념하기 위해 세운 것이다.

5. **노량해협** : 현재 남해대교의 아래가 노량해협이었다. 이곳에서 이순신 장군은 퇴각하는 일본군을 쫓다가 숨졌다.

6. **러시아 공사관** : 서울시 중구 정동에 있는 르네상스 양식의 건축물이다. 을미사변 후 고종이 세자와 함께 피신했다가 경운궁(현재 덕수궁)으로 돌아오기까지 거처했던 곳이다.

7. **의열사** : 애국선열들의 영정을 모신 사당이다. 현재 효창공원에는 대한민국 임시정부의 요인, 이동녕, 조성환, 차리석 장군을 포함하여 김구 선생 그리고 삼의사의 묘가 있다.

8. **유관순** : 1919년 3·1운동이 일어나자

아우내 장터에서 태극기를 나누어 주
며 독립운동을 하던 중 일본 헌병대에
체포되었다. 서대문 형무소에서 고문
을 당하다가 옥사하였다.

- 이충무공 영정 : 남해군청 제공
- 황궁우 : 서울시 제공

제12장

1. **진선문** : 창덕궁의 돈화문과 금천교를
지나 나오는 중문(中門)이다. 진선문
안쪽은 인정전으로 통하는 넓은 마당
이 펼쳐져 있다.

2. **계림** : 신라 건국 때부터 있었던 숲이
었다. 경주 김씨의 시조인 김알지가 태
어난 곳이라는 전설이 있는 곳이다.

3. **영릉** : 경기도 여주군 능서면 왕대리
산83-1번지에 있는 조선 제4대 왕 세
종과 소헌왕후 심 씨의 합장릉이다. 처
음에는 아버지 태종의 능인 헌릉(서초
구)의 서쪽 언덕에 위치하고 있었다.
세종 28년 소헌왕후가 승하하였을 때,

방이 두 개인 곳을 만들어 왼쪽에 왕
비를 모시고, 나중 1450년에 세종을
모셨다. 그러나 장소가 협소하고 풍수
가 좋지 않다 하여 효종 1년(1569)에
현재의 곳으로 옮겼다.

4. **홍살문** : 능묘나 궁전, 관아 등 건물
앞에 세운 문으로, 붉게 칠하여 성역임
을 표시한다.

5. **수라간** : 보통 왕릉에서 지내는 제사
의 음식을 준비하는 곳이다.

6. **정자각** : 왕릉의 바로 앞에 짓는 '丁'
자형 침전이다. 제례 때는 이곳에 제물
을 차려 놓고 제사를 지냈다.

- 남대문·동대문 : 서울시 제공
- 석굴암 본존불상 : 경주시 제공
- 불국사 다보탑 : 경주시 제공
- 대장경 장경판전 : 문화재청
- 종묘제례 어가행렬 : 서울시 제공

• ◦ •

* 위 목록의 사진을 제공해주신 분들과 이용에 허락해 주신 모든 분들께 감사의
말씀을 올립니다.
* 저작권자를 찾지 못해 게재 허락을 못 받은 사진은 저작권자를 확인하는 대로
허락을 받고, 통상 기준에 따라 그 값을 드리겠습니다.

〈알아보기〉 자료

제1장

p.31 전통사회에서 소는 벼농사와 관련해 인력을 대신할 수 있는 가축이었으며, 돼지는 재산과 복의 상징, 닭 역시 알을 낳아 돈을 마련할 수 있기에 나름대로의 경제적 가치를 지니고 있었다.

제3장

p.66 한국어에서는 '모-벼-쌀-나락' 등으로 세분화되어 있다. 영어에서는 'rice' 한 단어로 사용하는 것과 대조할 때, 이는 분명 한국 문화적 한 양상이다.

P.68 한국인의 난식문화는 서양의 냉식문화와 대조적이다. 밥의 온기를 오래 보존하기 위해 밥뚜껑을 만들었다. 이와 함께 난식문화의 특징이 가장 잘 드러나는 것이 바로 뚝배기 그릇이다.

P.69 발렌타이 데이의 초코렛, 화이트 데이의 사탕, 블랙 데이의 자장면 등이 있다. 생일에는 장수하라는 의미로 국수와 같은 면류를 먹는다. 시험을 보는 날에는 합격의 의미로 엿과 찹쌀떡을 선물하지만 미역국은 미끌거리는 감촉으로 시험에 떨어지는 것이 연상돼 먹지 않는다.

P.70 10일 간격으로 정해진다. 예를 들어, 10일이 초복이라면 10일 뒤의 20일이 중복이고, 다시 10일이 지난 30일이 말복이 된다.

P.71 침채(沈菜:채소를 소금에 담근다의 의미) - 팀채 - 딤채 - 짐채(구개음화) - 김채(구개음화의 역현상) - 김치

P.72 김장, 김장김치라 하며, 이는 발효에 의한 젖산균의 작용으로 각종 비타민과 무기질의 공급원이다.

P.73 과거 전통사회에서도 장 담그는 것을 중요하게 생각하여 '손이 없는 날' 장을 담갔다. 그리고 이들 음식들의 발효를 촉진시키기 위해서 밀폐되어 있지만 숨을 쉬는 독특한 저장 용기를 만들었는데, 이를 옹기라 한다. 옹기는 황토를 빚어 불에 구운 것이다.

P.74 떡과 관련한 속담으로 '굿이나 보고 떡이나 먹지. 미운 아이 떡 하나 더 준다. 보기 좋은 떡이 먹기도 좋다. 떡본 김에 제사지낸다. 가는 떡이 커야 오는 떡이 크다. 어른 말 잘 들으면 자다가 떡 생긴다. 떡 줄 놈은 생각도 않는데 김칫국부터 마신다.' 등이 있다. 이처럼 속담에 나타난 떡은 '좋은 것'을 상징하고 있다. 그렇기에 오래전부터 백일, 돌, 결혼, 환갑 등 한국의 잔치상에 떡은 빠지지 않는 단골 음식이었다.

P.78 온돌과 마루 / 좌식문화

P.80 만해 한용운의 가옥으로 전통적 한옥의 남향과 달리 북향으로 지어져 있다. 남향으로 지으면 일제의 조선총독부를 바라보게 되어, 북향으로 지었다. 일제에 대한 저항의 의미가 있다.

P.83 거품이 잘 일어나고, 휴지가 물에 잘 풀어지고, 불이 활활 타오르듯이 새로운 집에 행운과 복이 가득하기를 기원한다.(요즘은 시대의 변화에 따라 상대가 원하는 선물을 사주시도 한다)

제4장
P.87-88

1. 단군신화
2. 참고자료 : (1) 수사 3 상징 : 삼위태백, 천부인 3, 3,000 무리 (2) 마늘과 쑥의 상징 : 예로부터 마늘은 쑥과 함께 벽사(나쁜 것을 물리 침), 즉 나쁜 귀신이나 액을 쫓는 역할을 한다고 믿어져 왔다. 우리의 선조들은 캄캄한 밤에 길을 떠나며 마늘을 먹었다고 하는데, 밤길의 마늘 트림이 나쁜 귀신을 물리치고, 호랑이도 도망가게 한다고 믿었기 때문이다. 마늘은 불행이 닥쳐 올 기미 즉, 흉조를 상징하기도 하며, 그래서 다음과 같은 말이 옛날부터 전해져 온다.

마늘을 뜰 안에 심으면 해롭다. / 마늘 껍질을 태우면 집안이 가난해진다.
/ 남에게 마늘을 줄 때 1개만 주면 나쁘다.
/ 마늘이나 파뿌리를 아궁이에 넣으면 부스럼이 생긴다.

쑥의 상징성도 매우 크다. 일반적으로 쑥을 단옷날 사람의 형상이나 호랑이의 형상
으로 만들어 걸어 나쁜 기운을 쫓는 데 썼고, 이사를 하면 그 집의 나쁜 기운을 없
애기 위해 쑥을 태우기도 하였다. 또 동물적인 존재에 영성(靈性)을 부여하기 위해
사용되었다.

P.90 부여(영고) / 고구려(동맹) / 동예(무천) / 삼한(5월 수릿날, 10월 상달)
/ 고려(팔관회)

P.91 산령각, 삼성각(산신)이라 하며, 한국불교의 토착화 과정을 알려주는 좋은 증
거가 된다. 산신은 원래 불교와 관계가 없는 토착신이었으나, 불교의 재래신앙 수용
과정에서 호법신중(護法神衆)이 되었다가, 후대에 원래의 성격을 불교 안에서 되찾게
된 것이다.

P.92 『삼국사기』와 『삼국유사』에 의하면 차차웅은 고대 신라인들이 무당을 부르는
말이었다. 따라서 남해왕 차차웅 시대는 정치 우두머리가 제사장의 기능을 겸한 제
정일치 사회임을 알 수 있다.

P.93 국사당은 남산 팔각정(표지석 남아 있음) 아래에 있었는데, 일제에 의해 현
재의 위치로 옮겨졌다. 부군당은 서울시 무형문화재 제35호로, 서울 지역의 마을굿
인 부군당(府君堂)굿에서 부군신을 모시는 굿거리이다. 금성당은 중요 민속문화재 제
258호로, 금성대군의 영혼을 위로하려고 세웠다.

P.96 문은 출입의 공간이다. 즉 경계에 대한 금기이다. 경계 저쪽과 이쪽은 신성한
지역을 나누는 것이다. 마을 입구의 장승이나 금줄 역시 신성한 곳으로 액운이 들어
오는 것을 막는다는 의미가 있다. 따라서 이를 밟음으로써 조상신이 놀랄 수 있다는
것이다.

P.97

1. 이도령이 암행어사가 되어 거지 차림으로 춘향 집에 나타난 장면이다. 집안에 안
   좋은 일이 있거나 우환이 있게 되면 성주·조왕 등 신이 발동을 한다는 뜻을 지
   닌다.
2. 시집살이로 스트레스를 받던 며느리는 그 화풀이로 개를 자주 걷어찼기 때문이다.

P.98 1970년대의 새마을 운동 등 근대화를 겪으면서 조왕신이 머물고 있던 아궁
이와 솥단지로 대표되는 부엌은 편리하고 위생적인 입식 주방으로 개량화 되면서 더
이상 조왕신이 머물 곳이 없어져 버렸다. 때문에 가신 신앙 중 삼신 신앙과 같은 몇
몇 신앙은 그 모습이 조금이라도 남아있지만 조왕 신앙의 경우는 부엌 생활의 변화
로 급속도로 소멸되었다.

P.104 '할머니'에 대한 한국인의 상징적 의미는 '사랑, 인자, 너그러움, 무조건적 감
쌈' 등이다. 따라서 한국인의 심성에 할머니는 너그럽고 인자하며, 잘못을 해도 감싸
주는 신과 같은 존재였다. 어머니는 자식에게 화를 내거나 꾸짖는 경우가 있지만 할
머니는 언제나 손자의 편에서 감싸준다. 따라서 삼신할머니는 바로 한국인의 종교심
성을 반영하는 것이다.

P.107 성황당 / 서낭신을 모시는 서낭당

P.109 장대는 세계수(世界樹)의 의미로 세계 또는 우주를 의미한다. 장대에 새를
앉히는 이유는 하늘을 신앙의 대상으로 삼았던 사람들이 새를 하늘과 가장 가까운
생물로 인식했기 때문이다. 또한 마을에 액운이 오는 것을 감시하는 역할을 부여한
것으로도 보인다. (오리, 갈매기, 까마귀, 독수리 등 ↔ 돼지, 개 등) 한편, 장원급제를
기념하기 위한 솟대에는 학(鶴)을 앉히기도 한다.

P.111 단오 / 공동체

P.113 천도교는 손병희가 1905년에 최제우의 '동학'(1860)을 발전시킨 것으로, 인내
천 사상을 기반으로 하고 있다. 대종교는 1909년 단군교를 나철이 1910년 개칭한 것
으로, 단군을 교조로 섬기고 있다.

제5장

P.119 민간신앙에서는 초자연적인 대상에 아들 낳기를 기원하였다. 삼신당, 용왕당, 칠성당이나 삼신에게 치성을 드렸다. 기자석(祈子石)이라는 범상한 자연물에도 아들 낳기를 기원하였다. 주술적 힘에 의존하는 사례로는 수탉의 생식기를 먹는다든가 석불의 코를 떼어 가루를 내어 먹는 방법, 아들 낳은 집의 금줄에 달려 있는 고추를 훔쳐 달여 먹는 것, 비석에 새겨진 글자 중 아들과 관련된 한자, 즉 자(子)·남(男)·문(文)·무(武)·용(勇) 등을 떼어 가루로 먹는 것 등이 이에 속한다. 몸에 지니는 방법으로는 부적을 간직하거나 다산한 여인의 속옷이나 월경대를 훔쳐다가 몸에 두르고 다니기, 신부가 신행갈 때 아들 낳은 집의 금줄을 걷어서 가마에 걸기 등이 있다.

P.121 금줄 혹은 인줄, 검줄이라고도 한다. 왼새끼는 신의 세계를 의미한다. 즉 인간의 정상적인 오른 새끼와 달리 왼새끼는 인간과 정반대인 신의 세계를 의미하는 것이었다. 그럼으로써 부정한 그 무엇이 접근하지 못한다고 믿었다. 금줄에 사용하는 붉은 고추는 모든 것을 태워 없애는 불의 색으로 귀신을 물리친다는 의미, 숯은 더러운 것을 태운다는 정화의 의미, 백지는 신성함을 의미한다. 성별에 따라 남아는 고추와 숯, 여아는 솔가지와 숯을 걸었다.

P.123 백일과 돌의 기념은 출산율에 비해 현저히 낮은 생존율 때문이었다. 이는 말할 것도 없이 낮은 의료기술과 비위생적 환경을 그 원인으로 볼 수 있다. 특히 태어난 지 100일의 고비를 넘기지 못하고 사망하는 비율이 높았고 그 다음 1년을 넘기기가 어려웠다. 따라서 백일과 돌잔치는 어려운 시기를 무사히 넘겼다는 축하의 메시지가 담겨져 있다.

P.124 환갑은 평균수명이 짧았던 전통사회에서 커다란 축복이 아닐 수 없었다. 환갑을 맞은 부모님을 둔 자녀들은 일가 친척과 친지들을 초대하여 큰 잔치를 베풀었다. 그러나 오늘날에도 이어 내려오고 있으나 평균수명의 연장으로 그 의미가 퇴색해가고 있다.

P.127 청동기 - 고인돌 / 부여, 고구려 - 순장
/ 신라 : 불교의 영향으로 화장법 성행(문무왕), 유교식 매장 유행

P.134-135 일제에 의해 '구정'으로 격하되었으며, 과거의 석전 놀이는 변방 지역의 군인들이 적을 공격하던 것이 놀이로 전승된 것으로, 특히 왜적의 침입이 많았던 지역의 놀이였다. 일제는 이 놀이가 왜적을 대상으로 했다는 점과 많은 사람들이 돌을 던져 싸우는 놀이로 혹여 있을 불상사를 막기 위해 금지시켰다.

P.136 고려가요 - 동동(動動) / 가사문학 - 농가월령가(農家月令歌)

P.137 철수의 오류이다. 왜냐하면 아랫사람인 철수가 세배를 하기 위해 웃어른이신 할아버지께 자리에 앉아라 명령을 하는 것은 잘못된 언어 예절이며, 덕담은 웃어른이신 할아버지께서 먼저 하신 다음 철수가 답을 해야 하기 때문이다.

P.137 입춘대길(立春大吉)은 '입춘을 맞이하여 좋은 기운이 가득하기를 기원한다'는, 건양다경(建陽多慶)은 '좋은 일, 경사스런 일이 많이 생기기를 기원한다'는 의미이다.

P.139 창포 삶은 물에 머리를 감는 것은 창포의 독특한 향기로 인해 역귀와 전염병을 예방한다는 벽사의 의미가 있다. 과학적으로 향균, 살충 등의 효과가 검증되어 우리 선조들의 삶의 지혜를 엿볼 수 있다.

P.140 팔월 추석 때 음식을 많이 차려놓고 밤낮을 즐겁게 놀듯이 한평생을 이와 같이 지내고 싶다는 뜻의 속담이다.

P.142 매서 행위 / 밤, 호도, 은행, 잣, 땅콩 등을 깨무는 것은 일 년 내내 무사태평하고 종기나 부스럼이 나지 않기를 바라며, 이를 튼튼히 하려는 주술적 의미가 있다. / 귀밝이술마시기

P.144 팥의 붉은색이 양색(陽色)이므로 음귀를 쫓는 데 효과가 있다고 믿어, 벽사(辟邪)를 상징한다. '팥죽, 팥떡'도 동일하다.

제6장

P.150 프로축구 선수에게 축구는 직업으로서의 일이지만 조기축구 회원들에게는 취미활동으로서의 놀이가 된다. 또한 출연 연예인에게 1박 2일은 직업으로서의 여행 프로그램이지만 일반 여행객에게는 휴식과 관광을 위한 여가 활동이다.

P.153 8조법을 통해 생산력(경제)을 바탕으로 하는 계급 사회, 즉 지배와 피지배 계층이 형성되었음을 알 수 있다. 그리고 고분벽화에 남긴 연회, 씨름, 수렵, 택견 등의 놀이는 생산 활동에 종사하지 않는 지배층들의 전유물이었을 것이다.

P.154 일정한 거리에서 화살을 투호통에 많이 넣으면 승리한다. 이를 통해 판단력, 집중력 그리고 마구 던지는 것이 아니라 차분히 한 개씩 던지는 가운데 인내력과 끈기가 생긴다. 즉 정신 수양에 도움이 된다.

P.157 저가는 돼지, 구가는 개, 우가는 소, 마가는 말을 의미하며, 윷놀이에서 돼지는 도, 개는 개, 양은 걸, 소는 윷, 말은 모를 지칭한다.

P.158 전통적 윷놀이는 농사철이 아닌 음력 1월 1일부터 보름까지 행해진 놀이이다. 윷놀이는 마을의 안녕과 풍농을 기원한다고 하였다. 따라서 본격적인 농사철이 아닌 시기에도 한민족은 윷놀이를 통해 풍년농사를 기원하게 된 것이다.

P.160-161 약 400년 전 임진왜란 때 수군 통제사였던 이순신 장군이 적군에게 우리 쪽 군사의 많음을 알리기 위해 마을의 부녀자들을 모아서, 남자 옷을 입혀 빙빙 돌며 춤을 추게 한데서 그 연유를 찾기도 한다. 그리고 강강술래는 여성(집단)의 생산력과 관련되어 있다. 여자와 생산의 관계는 특히 농경민족에게는 절대적이다. 세속적으로는 재수가 없고, 부정을 탈 수 있어 경계의 대상이 되지만, 농경문화의 종교 주술적 믿음 체계 속에서 여성은 생산성을 가진 존재로 우대된다. 아기를 낳는다는 것이 농경의 생산성과 동일시되는 것이다.

제7장

지방에도 신이 있다고 믿었고, 그러한 문지방을 밟으면 신을 화나게 한다고 생각했다.

P.186 사위도 아들이며 며느리도 딸이라는 말이 있다. 즉 핵가족의 현대사회에서 사위는 아들과 마찬가지로 처가 식구들을 가까이서 아버지, 어머니처럼 보살필 수 있는 것이다.

P.187 과거 먹을 것이 없었던 시절, 끼니를 거르지 않는 것은 행운이었다. 그만큼 식사에 대한 물음은 그 사람의 건강과 안녕을 걱정하는 말이었다. 그것이 오늘날까지 이어 온 것이다. 만나서 헤어질 때도 '다음에 식사 한번 해요'처럼 식사와 관련된 말을 인사말로 연계시켰다.

P.188 임부는 행동을 조심하고, 음식을 가려 먹으며, 마음가짐을 바르게 하여 태아의 건강을 보장받고자 하였다.

P.188 까마귀 관련 금기어는 '길 떠날 때 까마귀 울면 재수 없다.', '까마귀가 울면 그 동네 초상난다.' 등이 있다. 일본에서 까마귀는 길조로 인식되며, 까치는 흉조로 인식한다.

P.189 신은 밖으로 나간다는 의미를 지니며, '고무신(신)을 사 주면 그 사람이 달아난다.'는 속설이 있다. 눈물을 닦는 손수건은 이별의 의미를 지니며, '손수건을 사주면 눈물 흘리며 이별한다.'는 속설이 있다.

제8장

P.196-197 임신서기석 표기는 한국어의 문장 어순에 해당하는 의미의 한자를 단순 나열한다. 구결 표기는 중국어 어순에 조사나 어미에 해당하는 한자를 삽입하며, 이두 표기는 한자를 한국어의 어순에 맞게 적고, 토(조사, 어미)를 붙인다. 향찰 표기는 한국어의 실사 부분은 한자의 훈을 이용하고, 허사 부분은 한자의 음을 이용한 한국말의 전면적 표기이다.

P.198 대전, 율동, 판교 / 金天

P.199 '불조직지심체요절' 또는 '직지'라고도 하며, 병인양요 때 프랑스군이 약탈해 가서 현재 프랑스박물관에 있다.

P.201 집현전은 모을 집, 어질 현, 전각 전으로 풀이되며, 현재 경복궁의 수정전이 과거 집현전이었다.

P.204 자주정신 / 애민정신 / 실용정신

P.206 세종대왕 상은 ① 문맹퇴치 사업에 직접 종사한 경우, ② 국가 또는 지역 단위의 문맹퇴치 사업 종사, ③ 문맹퇴치를 위한 언론캠페인 종사, ④ 문맹퇴치를 위한 교육자재 개발 및 생산, ⑤ 문맹퇴치 관련 학술연구, ⑥ 문맹퇴치 사업계획 수립 및 이를 위한 조사업무, ⑦ 청소년의 문맹퇴치 사업 참여유도, ⑧ 문맹퇴치에 공이 있는 언론 등에게 수여한다.

P.208-209
자음 기본자 : ㄱ ㄴ ㅁ ㅅ ㅇ / 가획자 : ㅋ ㄷ ㅌ ㅈ ㅊ ㅎ ㅎ / 이체자 : ㆁ ㅿ ㄹ
모음 기본자 : · ― ㅣ / 초출자 : ㅗ ㅏ ㅜ ㅓ / 재출자 : ㅛ ㅑ ㅠ ㅕ

P.211 문자명과 책명으로서의 훈민정음이라는 용어가 사용된다. / 시대적 차이에 따라 달리 불린 동일 지시물이다. / 한글의 창제와 관련한 여러 사실을 알려주는 문헌으로 세계 기록유산이며, 한국의 국보 70호이다. / 훈민정음은 세종대왕 당시 불렀던 명칭이고, 한글은 주시경 선생님이 만드신 명칭이다. / 훈민정음 해례본(정인지 후문)의 기록을 오늘날과 같은 날짜 계산법으로 환산한 결과 10월 9일에 해당한다.

P.213 16세기 최세진(역관)의 『훈몽자회』에서 '기역, 니은', '아, 야' 등의 명칭이 사용되었다.

P.214 한글'은 '위대하다, 크다'란 의미의 '한'에 '글'이 결합한 구조이다.

제9장

P.225 한국인에게 밀양아리랑(날 좀 보소 날 좀 보소 날 좀 보소 / 동지 섣달 꽃 본 듯이 날 좀 보소 / (후렴) 아리 아리랑 쓰리 쓰리랑 아라리가 났네 / 아리랑 고개 로 날 넘겨 주소)과 경기아리랑(아리랑 아리랑 아라리요. 아리랑 고개로 넘어간다. 나를 버리고 가시는 님은 십리도 못 가서 발병난다)의 가사는 익숙하다.

P.227 판소리는 1964년 12월 24일 중요무형문화재 제5호, 2003년 11월 7일 유네스 코 '인류구전 및 세계무형유산걸작'으로 선정된 세계무형유산이다. 현재 판소리 5마당 은 춘향가, 흥부가, 심청가, 수궁가, 적벽가이다. (현재 다섯 마당만 완창되고 있다.)

P.228 적벽가

P.229 전라도 지역에서 전해져온 씻김굿은 죽은 이를 극락으로 천도하기 위해 행 하는 굿이다.

P.236-237 춘천 남이섬 / 추암해수욕장

P.240 송악산 진지동굴은 1945년 초 일본군이 연합군의 공격에 대비해 제주도를 일본 본토 사수를 위한 전초기지로 활용하려 했던 흔적이다. 해안 절벽에는 15개의 인공동굴이 뚫려 있는데, 너비 3~4m, 길이 20여m에 이르는 이 굴들은 성산일출봉 주변의 인공동굴처럼 어뢰정을 숨겨놓고 연합군의 공격에 대비했던 곳이다.

제10장

P.250 오스트랄로피테쿠스(남쪽의 유인원), 호모 파베르(도구를 만든 사람), 호모 에렉투스(꼿꼿이 선 사람), 호모 사피엔스(생각하는 사람), 호모 사피엔스 사피엔스 (더 생각하는 사람)

P.251 움집 / 빗살무늬토기

P.252 청동기 시대의 농기구는 여전히 석기를 이용하였고, 무기에 한해 청동이 사용되었다. 빗살은 신석기 시대의 대표적 토기이며, 이 시대에는 민무늬 토기가 대표적이다. 토기를 불에 구울 때 깨지지 않게 하기 위해 빗살무늬를 넣었으나, 기술이 발전하면서 민무늬 토기가 사용되었다.

P.253 '단군'은 제사장의 명칭이다. 즉 당시 산업인 농사는 '자연재해'의 피해가 가장 두려운 것이었다. 이 피해를 겪지 않으려고 하늘에 제를 지내는데, 이를 제사장이 행사하였다. '왕검'은 정치적 명칭이다. 즉 큰 칼을 갖고 있는 최고 권력자란 의미가 있다.

P.255 기후의 영향으로 인해 상대적으로 목축업의 비중이 더 높았다. 그래서 부여의 관직 중에 마가, 우가, 구가, 저가처럼 가축의 이름을 딴 것이 많다. 특산물 또한 말, 모피였다

P.255 순장제도는 지배층의 인물이 사망했을 때, 아내와 신하 등과 같이 묻는 장례 습속이다. 영고는 북을 울리면서 신을 맞이한다는 의미이며, 음력 12월 농사를 끝낸 감사와 풍년 기원제의 성격을 지닌다.

P.256 난생 설화에서 새는 하늘의 사자, 그 알은 신성함의 의미를 지닌다. 신라의 박혁거세, 김알지 등의 탄생 신화 또한 그러한 상징성을 지니고 있다. 자라, 물고기의 도움을 받았다는 것은 이들로 상징되는 이웃 부족들의 도움을 받아 나라를 세웠음을 암시하고 있다. 그리고 말을 타고 활을 잘 쏘았다는 것은 지배자가 갖추어야 할 요소이다. 따라서 이는 지배자로서의 상징성을 지니고 있다.

P.258 5월 수릿날, 10월 상달 / 군장, 천군

P.260 진대법을 제안한 자는 을파소이다. 나라가 강해지고 여러 정복 활동으로 부익부빈익빈 현상이 나타나자 먹을 것이 없는 백성들에게 봄철에 곡식을 빌려주고, 추수가 끝난 가을에 되돌려 받았다.

P.262 장수왕은 427년 평양으로 수도를 옮겼다. 중원고구려비는 고구려 영토의 경

계를 표시하는 비로, 백제의 수도인 한성을 함락하고 한반도의 중부지역까지 장악하여 그 영토가 충주지역에까지 확장되었음을 말해준다. 또한 역사적으로 고구려와 신라, 백제 3국의 관계를 밝혀주는 귀중한 자료로서, 우리나라에 남아있는 유일한 고구려비라는 점에서 커다란 역사적 가치를 지닌다.

P.263 612년 고구려가 수나라의 침략을 살수(청천강)에서 격퇴하고 대승리를 거둔 싸움이다. 이 시에서 적장을 향한 거짓 찬양으로 적군을 조롱하고 있는 을지문덕 장군의 기개를 엿볼 수 있다.

P.264 남한산성, 숭렬전 / 풍납토성, 몽촌토성

P.265 아직기는 백제 시기의 학자로, 근초고왕 때 왕명으로 일본에 건너가 일본태자의 스승이 되었다. 그리고 백제의 박사(博士) 왕인(王仁)을 초빙하여 일본에 한학(漢學)을 전하게 하였다.

P.266 무령왕릉은 전축분, 연꽃 무늬의 벽돌, 아치형의 구조와 같은 특징을 지니고 있으며, 국보 163호로 지정되어 있다.

P.268 부소산성 / 낙화암, 백마강 / 낙화암

P.270 박혁거세가 승하 후 7일 만에 그 유체(遺體)가 다섯 개로 땅에 떨어졌다. 이를 합장하려 하자 큰 뱀이 나와 방해하므로 그대로 다섯 군데에다 매장하였다는 《삼국유사》의 기록에서 연유되었다.

P.271 지증왕은 우경을 실시하고 순장을 금지하였다. 그리고 국호를 신라로 통일하고, '왕'의 호칭을 사용했다.

P.272 화랑도의 계율은 사군이충(충성으로써 임금을 섬긴다) / 사친이효(효도로써 어버이를 섬긴다) / 교우이신(믿음으로써 벗을 사귄다) / 임전무퇴(싸움에 임해서는 물러남이 없다) / 살생유택(산 것을 죽임에는 가림이 있다)이다. 화랑도는 신라가 삼국을 통일하고, 국난을 극복하는 데 크게 기여하였다.

제11장

P.280 첫째는 "임금에게 예를 갖추는 것은 당연하나 신하의 자격인 당신과 나는 대등한 관계이니 그럴 수 없다."고 하여 반박하였고, 둘째는 "그렇지 않다. 고려는 바로 고구려의 후예이다. 그러므로 나라 이름을 고려라 부르고, 평양을 국도로 정한 것 아닌가. 오히려 귀국의 동경이 우리 영토 안에 들어와야 하는데 어찌 거꾸로 침범했다고 하는가?"고 반박하였다. 마지막 "고려도 거란과 교류를 원한다. 그러나 현실적으로 어렵다. 왜냐하면, 거란과 교류를 위해서 압록강을 오가야 하는데, 이 지역을 여진족이 차지하고 있기 때문이다."고 하여 회유하였다.

P.281 어떤 사신(使臣)이 한밤중에 시흥군으로 들어오다가 큰 별이 어떤 집에 떨어지는 것을 보고 사람을 보내어 찾아보게 하니, 마침 그 집 부인이 사내를 낳았었다. 이 말을 들고 사신이 마음속으로 신기하게 여겼는데 그가 바로 강감찬이었다. 그가 재상이 된 후 송나라 사신이 그를 보고는 자신도 모르게 가서 절하며 말하기를 "문곡성(文曲星)이 오래 보이지 않더니 여기 와서 있도다!"라고 하였다는 전설도 있다.(문곡성: 북두칠성. 큰 인물을 상징) '낙성대'는 '별이 떨어진 대'라는 의미이다.

P.283-284 고려는 기마 민족인 몽골군이 바다로 둘러싸인 해상전에 약할 것이라는 이유로 강화도 천도를 강행하였다. 갑곶돈대 / 광성보

P.285 신미양요의 결과로 프랑스 군은 우리 문화재를 약탈해 갔으며, 이것이 동양을 연구하게 되는 계기도 되었다. 우리는 최초로 서구 제국주의의 침략을 격퇴했다는 나름대로의 의의를 가지게 되었다. 병인양요 / 덕진진, 초지진

P.287-288 임진왜란의 3대 대첩은 행주대첩(권율), 한산도대첩(이순신), 진주대첩(김시민)이다. 이순신의 학익진은 학(鶴)이 날개(翼)를 펼친 듯한 형태를 취한 진법(陣)이라 하여 붙여진 이름이다. 기본적으로는 일렬 횡대의 일자진(一字陣) 형태를 취하고 있다가 적이 공격해오면 중앙의 부대는 뒤로 차츰 물러나고, 좌우의 부대는 앞으로 달려 나가 반원 형태로 적을 포위하여 공격하는 방식이다.

P.288 판옥선은 조선 수군의 배로 배 밑바닥이 넓고 평평해 민첩성을 그 특징으

로 한다. 2층 구조로 배 아래에서는 안전하게 노를 젓고, 갑판 위에서는 적과 대결하였다. 이를 한 단계 발전시킨 것이 거북선이다. 2층의 간판을 덮개로 덮고 못을 박아 적이 배에 기어오를 수 없게 하였고, 밖에서는 배의 내부를 볼 수 없게 하였다. 한편 일본의 안택선은 배 밑바닥이 좁고 뾰족해 속도는 빠르지만 방향 전환 시에 불안하며, 넓은 판자로 이어 만들어 대포 공격에 쉽게 부서지는 약점을 지니고 있었다.

P.289 1연은 죽음을 결심한 논개의 침략자에 대한 분노와 애국적 정열을 표현하고 있다. 2연은 논개의 죽음의 순간을 아름답게 표현함으로써 의로운 죽음임을 표현하고 있다. 3연은 유유히 흘러가는 강물을 통해 논개의 꽃다운 충혼을 표현하고 있다. 후렴은 '강낭콩꽃보다도 더 푸른' 물결 위에 '양귀비꽃보다도 더 붉은' 그 마음이 흐른다는 분명한 색채감으로 논개의 숭고한 정열을 시각화하였다. 진주의 남강에 몸을 던져 나라를 구하고자 했던 그녀의 충정이 지금도 그대로 흐르고 있으며, 그러한 정신은 우리의 마음에 영원히 남아 있을 것이다.

P.291 선조 26년(1593)에 왜와의 전투에서 성 안의 부녀자들이 치마에 돌을 날라 병사들에게 공급해 줌으로써 큰 승리를 거두었다. 당시 부녀자들의 공을 기리는 뜻에서 행주라는 지명을 따서 '행주치마'라고 하였다고도 한다.

P.292 이락파(李落波)는 이순신 장군이 돌아가신 바다를 뜻하고, 이락사(李落祠)는 이락파에서 마주보이는 장군의 사당이다. 戰方急愼勿言我死의 의미는 '전쟁이 급하니 나의 죽음을 알리지 마라'이다.

P.293 이 시조는 선조 28년(1595) 임진왜란 중에 이순신 장군이 지은 작품이다. 전란으로 나라의 운명이 한치 앞을 가늠할 수 없을 때, 홀로 적군에 맞서고 있는 장군의 깊은 우수와 고뇌를 담고 있다.

P.296-297 수어장대는 남한산성의 지휘 및 관측을 위한 군사적 목적에서 지어진 누각이다. 선조 28년 남한산성 축성 당시 만들어졌으며 유일하게 현존하는 건물이다. 연무관은 군사들의 무술을 연마하기 위해 지은 정자이다. 이곳에서 군사들이 훈련했으며, 무술 시합을 열어 뛰어난 무인을 인재로 뽑아 중앙으로 보냈다. 활쏘기 연습을 하던 활터가 있었다고도 한다.

P.298 청에 패배해 굴욕적인 강화협정을 맺고, 청태종의 공덕을 적은 비석이다. 제목은 '대청황제공덕비'(大淸皇帝功德碑)이다.

P.300 동학농민운동이 일어나자 청과 일이 조선에 군대를 파견하게 되었다.

P.302 신문은 박문국, 화폐는 전환국, 무기는 기기창, 병원은 광혜원이었다. 최초의 근대적 사립학교는 원산학사이며, 근대적 관립학교는 육영공원이다.

P.303-304 토지조사사업은 농민들의 권리를 빼앗기 위해 실시되었으며, 그 결과 비싼 토지 사용료와 늘어난 세금으로 농민들의 생활이 어려워졌다. 산미증식계획은 쌀의 생산량을 늘려 일본으로 가져가기 위해 실시되었으며, 그 결과 치솟은 쌀값과 공사비 부담으로 농민들의 생활이 어려워졌다. 회사 허가제는 일본 기업의 한국 진출을 쉽게 하기 위해 실시되었으며, 그 결과 우리 국민이 우리나라에서 회사도 마음대로 세울 수 없었다.

P.304-305 이봉창은 한인애국단에 가입하여, 1932년 일왕 히로히토를 향하여 수류탄을 던진 독립운동가이다. 윤봉길은 상하이 사변의 승리, 일왕의 생일을 기념하는 식장에서 도시락 모양의 수류탄을 던진 독립운동가이다. 백정기는 일본의 군사시설을 파괴하고, 중국 주재 일본대사 암살을 모의한 한말의 독립운동가이다. 안중근은 인재 양성을 위해 삼흥학교(三興學校)를 세우고, 만주(하얼빈)에서 이토 히로부미를 사살한 한말의 독립운동가이다. 백범 김구는 일제 치하 때 상하이로 망명해 대한민국임시정부를 수립하였고, 1944년 임시정부의 주석이 되었다. 나라와 민족의 독립에 온 힘을 기울인 정치가이자 독립운동가이다. 의열사는 나라와 민족을 위해 목숨을 아끼지 않으신 일곱 분의 영정을 모신 사당으로, 이곳에서 매년 임시정부 수립일인 4.13에 합동추모제가 열린다.

제12장

P.311-312 국보는 법령에 의해 국가적인 보물로 지정된 최상급 유물이다. 국보의 지정기준에 대한 세부사항으로는 ① 보물에 해당하는 문화재 중 특히 역사적·학술적·예술적 가치가 큰 것, ② 보물에 해당하는 문화재 중 제작연대가 오래되고 특히

그 시대에 대표적인 것, ③ 보물에 해당하는 문화재 중 제작의장이나 제작기술이 특히 우수하여 그 유례가 적은 것, ④ 보물에 해당하는 문화재 중 형태·품질·제재·용도가 현저히 특이한 것, ⑤ 보물에 해당하는 문화재 중 특히 저명한 인물과 관련이 깊거나 그가 제작한 것 등이다. 보물은 유형문화재로 학술적·예술적 가치가 국보 다음으로 높은 문화재이다. 같은 유형문화재를 국보와 보물로 나눈 기준은 국보는 작품의 제작기술·연대 등이 각 시대를 대표할 만한 것으로서 보존상태가 양호하면서 학술적·예술적 가치가 높은 데 비해, 보물은 일반적인 지정 기준에 도달하는 문화재를 지정한 것으로 엄격한 구분은 불가능하다. 보물로 지정된 수는 국보보다 많으며, 지정번호는 가치의 높낮이를 표시한 것이 아니고 지정된 일련순서에 의해 붙여진 것이다. 국보와 보물의 지정번호는 지정된 순서의 의미이며, 다른 의미는 없다.

`P.312` 세계문화유산에는 석굴암과 불국사, 해인사 장경판전, 종묘, 창덕궁, 수원화성, 경주역사유적지구, 고인돌유적, 조선왕릉, 한국의 역사마을 : 하회와 양동이 지정되어 있다. 기록유산에는 훈민정음, 조선왕조실록, 불조직지심체요절, 승정원일기, 조선왕조의궤, 해인사 팔만대장경판 및 제경판, 동의보감, 일성록, 민주화운동 기록물이 있으며, 무형유산에는 종묘제례 및 종묘제례악, 판소리, 강릉단오제, 강강술래, 남사당놀이, 영산재, 제주칠머리당영등굿, 처용무, 가곡, 대목장, 매사냥, 줄타기, 택견, 한산모시짜기가 지정되었다. 마지막으로 제주 화산섬과 용암동굴이 세계 자연유산으로 등재되었다.

`P.314` 석굴암은 화강암의 자연석을 다듬어 인공적으로 축조한 석굴 사찰이다. 불국사는 부처님의 나라란 의미이다.

`P.316` 고려대장경은' 판수가 8만여 개에 달하고 8만 4천 번뇌에 해당하는 8만 4천 법문을 실었다'는 뜻이다.

`P.317` 고려대장경은 1237년부터 16년 간 몽골군과의 싸움에서 나라를 지키고자 하는 염원을 담아 제작한 것으로, 이의 제작에 참여한 사람들의 출신성분은 다양하였다. 국왕·왕족과 고위 관료 및 유교지식인들로부터 하급 관료와 향리 및 일반 백성들에 이르기까지 당대의 모든 계층이 포함되어 있었다.

`P.319` 정전에는 태조를 비롯하여 태종·세종·세조·성종·중종·선조·인조·효종·

현종·숙종·영조·정조·순조·문조·헌종·철종·고종·순종 등 19 왕과 비(妃)의 신위가 모셔져 있다. 영녕전에는 조선 태조의 선대 4조 및 종묘의 정전에 모셔져 있지 않은 왕과 비의 신위가 모셔져 있다.

P.320 종묘사직은 왕실과 나라를 통틀어 이르는 말이며, 토지의 신에게 제사 지내는 단(국사단)과 곡식의 신에게 제사 지내는 단(곡직단)이란 의미이다.

P.322 태종은 왕위를 놓고 형제들과 피비린내 나는 두 번의 난을 겪은 후 경복궁으로 돌아가는 대신 새 궁궐을 짓게 하였다.

P.324-325 정약용은 수원 화성을 건립한 책임자였다. 이 때 화성 건립 당시의 모습을 생생하게 기록한 '화성성역의궤'가 보존되어 있어 화성을 복원하는 데 결정적 역할을 하였다. 그리고 정약용은 도르래의 원리를 이용하여 무거운 물건을 들어 올리는 데 사용한 재래식 기계, 거중기를 개발하였다.

P.327-328 첨성대 / 천마총 / 분황사 석탑

P.330 한국, 일본은 지석묘(支石墓), 중국은 석붕(石棚), 유럽에서는 돌멘(Dolmen)이라 한다.

P.332 금천교는 배산임수의 원칙에 따라 능 앞에 흐르는 물을 건너기 위한 다리로, 왕릉의 입구임과 속세와 성역의 경계임을 상징한다. 홍살문은 금천교를 지나 위치한 것으로 능의 입구에 들어섰다는 의미이며, 여기서부터 경건한 장소임을 상징한다. 참도는 신도(신의 길)와 어도(임금의 길)로 나누어져 있다. 수라간은 제사 음식을 준비하는 곳이며, 수복방은 능지기가 지내는 방이다. 마지막 정자각은 제사를 지낼 때 왕의 신주를 모시는 건물로 한자의 '정'(丁)자 모양으로 되어 있다 하여 '정자각'이라고도 한다.

P.333 무인석, 문인석

P.335 하회탈춤은 1980년 중요무형문화재 제69호로 지정되었고, '하회가면극'이라

고도 한다. 약 500년 전부터 음력 정초마다 동민들의 무병과 안녕을 위하여 마을의 서낭신에게 제사지낸 동제였다. 내용은 파계승(破戒僧)에 대한 조소와 양반에 대한 풍자 등으로 모두 8마당으로 구성되어 있다. 또한 이 때 사용하는 탈은 국보 121호로 지정된 한국 최고(最古)의 것이다.

강신표 편(1983), 『레비스트로스의 인류학과 한국학』, 정신문화연구원.

구미래(2004), 『한국인의 상징체계』, 교보문고.

국제한국학회(1998), 『한국문화와 한국인』, 사계절출판사.

김방한(1983), 『한국어의 계통』, 민음사.

김병모(1994), 『한국인의 발자취』, 집문당.

김재은(1988), 『한국인의 의식과 행동양식』, 이화여자대학교 출판부.

김진호 외(2002), 『한국문화 바로 알기』, 국학자료원.

김진호 외(2011), 『외국인을 위한 한국문화』(상), 역락.

김태곤(1982), 『한국무속연구』, 집문당.

김형효 외(1994), 『한국문화의 진단과 21세기』, 한국정신문화연구원.

민속학회(1994), 『한국민속학의 이해』, 문학아카데미.

박광무(2010), 『한국문화정책론』, 김영사.

박성현(2009), 『요약하며 읽어보는 한국, 한국인』, 아름다운 한국어학교.

박영순(2010), 『한국어 교육을 위한 한국문화론』, 한림.

박한나(2009), 『통으로 읽는 한국문화』, 박이정.

윤재훈(2000), 『민속의 현대적 이해』, 세손.

이광규(1979), 『문화인류학』, 일조각.

이광규(1994), 『한국전통문화의 구조적 이해』, 서울대학교출판부.

이기문(1983), 『국어사 개설』(개정판), 탑출판사.

이상억(2011), 『한국어와 한국문화』(Korean Language and Culture), 소통.

이상혁(2004), 『훈민정음과 국어 연구』, 역락.

이서행 저(1984), 『한국·한국인·한국정신』, 대광서림.

인문과학연구소편(1987),『전통문화와 서양문화』(II), 성균관대학교출판부.

임경순(2009),『한국어 문화 교육을 위한 한국 문화의 이해』, 한국외국어대학교 출판부.

임원택(1996),『한국문화는 돌문화형이다』, 자림.

주강현(1996),『우리 문화의 수수께끼 1』, 한겨레신문사.

주강현(1997),『우리 문화의 수수께끼 2』, 한겨레신문사.

최봉영(1997),『한국문화의 성격』, 사계절출판사.

최준식(2000),『한국인에게 문화가 없다고?』, 사계절출판사.

한국문화상징사전편찬위원회(1992),『한국문화상징사전 1』, 동아출판사.

한국민속사전편찬위원회(1994),『한국민속대사전』, 민족문화사.

한국정신문화연구원(1991),『한국민족문화대백과사전』, 웅진출판주식회사.

허재영(2000),『생활 속의 금기어 이야기』, 역락.

KBS(2004), 위대한 여정 한국어 1부.

그 외 각 웹사이트.

저자 | 김진호

現) 가천대학교 국어국문학과 교수
 　아시아의 지붕(법인) 한국어교육 전문위원
前) 가천대학교 국제어학원 한국어교육부 주임교수

● 저서

『국어 특수조사의 통사·의미 연구』(2000)
『언어와 문화』(2001)
『한국문화 바로 알기』(공저, 2002)
『언어학의 이해』(2004)
『재미있는 한국어 이야기』(2006, 문화관광부 우수 교양도서)
『외국어로서의 한국어학 개론』(2008)
『외국인을 위한 한국어문법-의미·기능편』I, II(공저, 2010)
『외국인을 위한 한국문화』(상)(공저, 2011)　外

● 논문

「문학작품의 텍스트 분석-김유정의 '안해'를 중심으로-」(1998)
「근대국어 표기법 연구에 관한 고찰」(1999)
「국어 사이시옷의 연구-역사적 발전과정을 중심으로-」(2001)
「NP-에게' 구문의 통사적 특징-수여, 사동, 피동문을 중심으로-」(2003a)
「외국어로서의 한국어와 의사소통능력에 대한 연구」(2003b)
「외국어로서의 한국어 교재 시안」(2004)
「한국어 교육관련 주체별 현황 및 개선방향」(2008)
「한국어교육을 위한 문화항목 연구」(2010)
「문학작품의 텍스트언어학적 분석-신동엽의 '봄은'을 중심으로-」(2011)　外

읽고 찾아가 보는 한국문화

초판 인쇄 ｜ 2012년 2월 29일
초판 발행 ｜ 2012년 3월 7일

저　　자　　김진호

책임편집　　윤예미

발 행 처　　도서출판 지식과 교양
등　　록　　제2010-19호
주　　소　　132-908 서울시 도봉구 창5동 262-3번지 3층
전　　화　　02-900-4520 / 02-900-4521
팩　　스　　02-900-1541
전자우편　　kncbook@hanmail.net

ISBN 978-89-94955-68-1 03300　　　　　　　　정가 20,000원

이 도서의 국립중앙도서관 출판도서목록(CIP)은 e-CIP홈페이지(http://www.nl.go.kr/ecip)에서 이용하실 수
있습니다. (CIP제어번호: CIP2012000882)